全国优秀教材二等奖

U0571896

"十四五"职业教育国家规划教材

学前儿童心理发展

主　编　贾云秋

副主编　金　晶　侯长虹

参　编　吴喜红

校　订　李　东　郭晓雄　陆晓红　焦　程

北京理工大学出版社
BEIJING INSTITUTE OF TECHNOLOGY PRESS

内 容 简 介

本书是学前儿童发展心理学的适用教材，系统介绍了学前儿童心理发展的特点和规律，并提供了相关案例。本书的内容按学前儿童心理特点的不同方面具体划分为学前儿童的注意力和感知觉、学前儿童的记忆与想象、学前儿童言语和思维、学前儿童情绪情感和意志等 7 个单元。

本书适用于职业院校学前教育专业学生及幼儿教育从业人员学习使用。

图书在版编目（C I P）数据

学前儿童心理发展 / 贾云秋主编. -- 北京：北京理工大学出版社，2017.9（2024.1重印）

ISBN 978 - 7 - 5682 - 4363 - 6

Ⅰ.①学… Ⅱ.①贾… Ⅲ.①学前儿童 - 儿童心理学 - 研究 Ⅳ.① B844.12

中国版本图书馆 CIP 数据核字（2017）第 169482 号

责任编辑：张荣君	文案编辑：张荣君
责任校对：周瑞红	责任印制：边心超

出版发行 / 北京理工大学出版社有限责任公司

社　　址 / 北京市丰台区四合庄路 6 号

邮　　编 / 100070

电　　话 /（010）68914026（教材售后服务热线）

　　　　　　（010）68944437（课件资源服务热线）

网　　址 / http：// www.bitpress.com.cn

版 印 次 / 2024 年 1 月第 1 版第 8 次印刷

印　　刷 / 河北佳创奇点彩色印刷有限公司

开　　本 / 787 mm × 1092 mm　1/16

印　　张 / 12.75

字　　数 / 277 千字

定　　价 / 44.50 元

前 言

科学的儿童心理学产生于 19 世纪后半期，德国生理学家和实验心理学家普赖尔是儿童心理学的真正创始人。他对自己的孩子从出生到 3 岁期间每天进行系统观察，有时也进行一些实验性的观察，最后把这些观察记录整理成一部有名的著作《儿童心理》，于 1882 年出版，其被公认为世界上第一部科学的、系统的儿童心理学著作。之后的一个多世纪以来，各国越来越多的研究者投入到儿童心理的研究事业中，出现了众多视角与版本的儿童心理学著作。

历史发展到当代，面向不同层次人群的儿童心理学著作更是层出不穷。目前，国家加快构建现代职业教育体系，旨在培养更多高素质技能人才。作为庞大的民生工程和教育工程的学前教育也迎来了发展良机。新时代的教育面临新的社会要求，对于幼教工作者在应用能力、应变能力和职业岗位综合能力和素养等方面都提出更高的要求，所以相应的专业教材也亟须改革和创新。本书深入贯彻党的二十大精神，以弘扬社会主义核心价值观为导向，以"办好人民满意的教育"为宗旨，落实立德树人的根本任务，坚持"人才是第一资源、创新是第一动力"的理念，着力培养具有专业精神、人文精神和综合职业素养的能担当民族复兴大任的的应用型人才。我们作为在职业院校任教多年的工作者，熟悉学生特点，了解市场对人才的需求，应北京理工大学出版社的邀请，集学校教师、幼儿园岗位教师及管理专家智慧，在研究应用科学的、先进的传统教材及心理学资料的基础上，结合信息化技术，合作创编了一版既传承经典又独具创新精神、既具有幼儿园工作岗位特点又适应职业学校学生需要的教材。

本书体例新颖，由"学习目标""前置作业""情景呈现""想一想""知识锦囊""小提示""你知道吗""小试牛刀"等部分组成，让学生围绕情景与问题学会合作探究与自主学习，归纳知识体系并在理解的基础上学会运用。这种设计更加突出了知识的指导性和实用性，为学生以后从事幼儿教师工作奠定坚实的基础。

本书针对职业院校学生的基础与特点，为了增强教材的趣味性和可读性，重点突出了文字简练、案例丰富、图片多样、结构新颖的特点。引入互联网 + 技术，构建了文本、多媒体与网络技术相互交叉与整合的立体化、网络化、互动化的课程资源体系。

本书在编写过程中参考和借鉴了相关书籍和网络资源，在此深表感谢。由于时间仓促，书中难免存在疏漏和谬误，敬请读者批评指正。

编 者

目录 Contents

绪　论

1.理解心理学及学前儿童心理学的概念。

2.明确学习学前儿童心理学的重要意义。

3.了解心理现象的本质。

4.理解学前儿童心理发展的影响因素。

5.了解学前儿童心理发展的主要理论。

第一节 学前儿童心理学的研究对象和意义

请同学们课前查阅关于心理学发展历程的资料，收集整理并制作成幻灯片，在课上进行展示。

心理学概述

任务一 识别实践工作中的学前儿童心理现象

三岁多的聪聪是一个聪明可爱的小男孩，每天牵着妈妈的手去幼儿园，在幼儿园里也很听话，老师们都很喜欢他。但是，班上的李老师渐渐地发现聪聪不爱说话，也不爱参加班上的集体活动，每天只是静静地看着老师和小朋友们做游戏，户外活动时也总是牵着老师的手，不敢和小朋友们一起玩。在一次音乐活动中，老师教小朋友们唱儿歌，还加入了有趣的动作。每一个小朋友都跟着老师一边唱一边跳，李老师特意拉起聪聪的手让他一起跟着做动作，可是他还是一动不动，表现出很害羞的样子。李老师与聪聪的家长进行沟通，了解到聪聪在家由奶奶爷爷、姥姥姥爷照顾，像个小皇帝一样，也不怎么爱说话，有什么事情就点点头或者指一指，爸爸妈妈想让他变得活泼一些，给他买了很多玩具，但他还是很怯懦。

像聪聪这样的案例在我们的生活中也很常见，爸爸妈妈工作比较忙，孩子由祖辈照顾，相对比较娇惯，不善于表达，也不爱参加集体活动。那么，聪聪为什么会出现这样的行为呢？作为幼儿教师，我们该如何帮助他呢？请同学们结合以下资料，以小组为单位完成以上问题。

资料卡一：什么是心理学？

心理学是一门研究人类心理现象的发生及其发展规律的科学。它的研究对象是心理现象，也称心理活动，是人类最普遍、最熟悉，也是最复杂、最深奥的现象。事实上，心理活动时时刻刻伴随着每一个人，并在其生活中起着重要的作用。心理现象是复杂多样的，通常被划分为心理过程和个性心理两大部分，具体如下图所示。

心理现象

心理过程

- 认识过程：指人脑反映客观现实的过程，它包括感知觉、记忆、想象、言语和思维等
- 情感过程：指人在认识事物时产生的各种内心体验以及对事物的态度
- 意志过程：指为了实现目的而进行的选择方法、执行计划的心理过程。在完成既定的目标时，面对困难我们选择什么样的态度、什么样的方法实现目标的心理过程

心理过程是一个统一的过程。认识过程、情感过程、意志过程三者之间既有区别又相互联系、相互作用。认识过程是情感过程和意志过程的基础，情感过程是认识和意志过程产生的动力，意志过程对认识过程和情感过程具有调控作用

个性心理

- 个性心理特征：它反映了一个人在各种活动中与他人不同的、稳定的差异，主要包括能力、气质、性格
- 个性倾向性：它反映了一个人在各种活动中表现出来的态度和追求，主要包括需要、兴趣、理想和世界观等
- 自我意识：它主要反映人对自己的心理和行为的认识、评价、体验、调解等

一个人在与外界事物接触的过程中，都会产生一定的心理过程，但是每个人由于先天素质的不同，以及后天环境的差异，对同一事物可能产生不同的体验，最终也就形成了个体相对稳定的心理特点，也就是个性

资料卡二：学前心理学又是什么呢？

学前儿童心理学是研究学前儿童心理发展的特点和规律的科学。学前期是人一生中生长发育最旺盛、变化最快、可塑性最强的时期之一。学前期儿童的生理机能不断发展，身高、体重不断增加，肌肉、骨骼不断增强，特别是大脑皮层的结构和机能的不断成熟和完善，这些都为其心理的发展提  供了物质基础。这一年龄阶段的儿童心理发展迅速，无论是心理过程的发展，还是个性心理的形成，都呈现出这一年龄阶段特有的特点和规律。学前儿童心理学就是以学前儿童的心理现象为研究对象，以揭示其发展的特点和规律为任务的一门学科。

 小提示

案例中的聪聪是一个乖巧可爱的孩子，但是不爱说话，不爱参与集体活动，胆小，怯懦，他的行为表现正是一种退缩的心理现象，如果长期得不到改善就会对他今后的学习和生活产生一定的影响。他出现这样的现象与他的家庭环境有很大的关系，父母工作繁忙，相对陪伴时间较少，玩耍的机会就会减少，而祖辈则对他比较娇惯，饭来张口、衣来伸手，这也就使他渐渐地变得不愿与陌生人交流，对新鲜事物缺乏兴趣。对于这样的孩子，幼儿园教师应当具备一定的心理学知识，与家长相互配合，给孩子创造一些与同伴交流的机会，多接触新鲜事物，以鼓励为主，逐步帮助其建立自信。

 **你知道吗**

心理学有着漫长的过去和短暂的历史

人类很早就对心理现象产生了兴趣，古希腊和春秋时代的中国就有许多思想家对心理现象有过论述，但由于受生产力水平的制约，这些研究往往都属思辨性的论述，而且和哲学思想混杂在一起。随着时代的推移，人们对心理现象也有过专门的研究，但方法上都依赖一般性观察和个人体验，研究范围很窄。

一直到 19 世纪中叶，自然科学迅速发展，许多研究者开始应用自然科学方法探索心理现象的奥秘，心理研究才有了新的、长足的进展。1879 年，德国哲学家、生理学家、心理学家威廉·冯特在莱比锡大学建立了第一个心理实验室，开始系统地用实验手段研究人的心理现象，才使心理学作为

威廉·冯特

一门独立的科学从哲学中分离出来。从此，正式开始了心理学的发展历史，这就是为什么说它有漫长的过去和短暂的历史。随着心理学研究领域的日渐扩大，其分支学科已构成一个非常庞大的学科群。

　　普通心理学主要研究人类心理现象产生和发展的一般规律，如感知觉、记忆、思维的一般规律，人的需要、动机及各种心理特性最一般的规律等。

　　生理心理学主要研究脑及神经系统的变化所引起的心理或行为活动的变化。

　　发展心理学研究心理的种系发展和人的心理的个体发展。

　　教育心理学研究的主要问题包括受教育者道德品质的形成、知识和技能的掌握、心理的个别差异和教育者的心理品质及其形成等。

　　社会心理学是系统研究社会心理和社会行为的科学，它既研究社会情绪、民族心理、宗教心理、社会交往与人际关系等大范围的社会心理现象，也研究小团体内的人际关系、心理内容等小范围的社会心理现象。

任务二　利用学前儿童心理学开展教育工作

　　在幼儿园实习的小李老师在讲《龟兔赛跑》的故事时，利用大学里学过的学前儿童心理学知识，运用直观形象的教学工具和方法，准备了幼儿感兴趣的乌龟和兔子的情景挂图以及它们的头饰，帮助小朋友们理解故事情节。同时，当讲到兔子时就将两只手指竖起来放在头上，做出小兔子一蹦一跳的动作，当讲到乌龟时就做出慢慢爬的样子。小朋友们都听得特别认真，还不时地模仿老师做各种动作，教学效果非常好。

　　想一想

　　案例当中的小李老师为什么能取得很好的教学效果？请同学们结合案例及以下资料，以小组为单位开展讨论。

　　案例当中的小李老师认识到了幼儿以具体形象思维为主，因此在进行教育、教学时采用具体形象的情景挂图吸引幼儿的注意，同时采用丰富生动的体态语言组织教学，帮助小朋友理解故事，避免了空洞、抽象的讲授。

　　幼儿教师正是对学前儿童心理学有着一定的认识，当遇到学前儿童出现的各种问题时才能采取正确的观点和方法进行处理，促进学前儿童身心的健康成长，使得教育、教学工作更加积极有效。

玩具设计师的新要求

　　近年来，越来越多的玩具设计师在进行玩具设计时，也开始与学前儿童心理学联系起来。由于设计对象——学前儿童的语言及思维能力的限制，他们往往不能明确地表达自己的真实想法，设计师只有自身加强对儿童心理和教育心理的学习、研究，在满足设计对象认知特点的前提下有针对性地设计玩具，才能使设计产品更好地反映和满足学前儿童的心理需求，而不是忽视其能力和兴趣，从成人的角度把自己的意愿强加到孩子身上。

第二节 心理现象的本质

中国汉字中表达内心感受的字多为竖心旁，比如恨、情、愤等。《孟子·告子上》中说道："心之官则思，思则得之，不思则不得也。"请同学们课前讨论分析：这是为什么呢？孟子的说法对吗？

任务 揭示心理现象的本质

有这样一则寓言：一个人在高山之巅的鹰巢里，抓到一只幼鹰。他把幼鹰带回家，养在鸡笼子里。这只幼鹰和鸡一起啄食、嬉闹和休息，以为自己是一只鸡。日子一天天过去，幼鹰羽翼丰满了，主人想把它训练成猎鹰。可是由于终日和鸡混在一起，它已经变得和鸡完全一样，根本没有飞的愿望了。主人试了各种办法，都毫无效果，最后把它带到山顶上，一把将它扔了出去。起初这只鹰像块石头一样直掉下去，但求生的本能使它在慌乱之中拼命地扑打起翅膀，最后，它终于飞了起来。

想一想

这只鹰开始为什么不愿意飞？后来怎么又能飞起来了？这个案例说明心理现象的本质是什么？请同学们阅读下列资料，分小组讨论，写出对心理现象的本质解释。

知识锦囊

资料卡一：心理现象是在哪里产生的呢？

在古代，对于心理活动的产生有多种说法，比如"心脏说""灵魂说"。随着科学技术的发展，人们逐渐认识到人的心理活动不是由心脏产生的，也不是什么"灵魂"，而是人脑和神经系统共同活动的产物。

1. 脑的结构

脑是神经系统的重要组成部分，是一个结构复杂的器官，它由延髓、脑桥、中脑、间脑、小脑和大脑组成，其中最发达的部分是大脑。

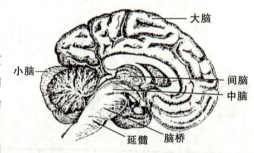

人的大脑由左右两个半球构成，表面覆盖大脑皮质（旧称"大脑皮层"），简称皮质。大脑皮质的神经细胞和皮质下的神经纤维有着复杂的联系，相互传递信息，构成了心理活动的生理基础。大脑皮质的表面有很多褶皱，根据褶皱上的凹陷和隆起部分，人们把大脑皮质分成四个部分，即额叶、顶叶、颞叶和枕叶。其中，额叶是进化过程中最新发展起来的部分，对人来说，是最重要的部分。

2. 大脑的主要机能是接收、分析、综合、贮藏和发布各种信息

机体的所有感觉器官都把从外界获取的刺激信息通过神经传入大脑，经过皮质的加工、整理，然后发出信息，控制各器官和各系统的活动。各器官和系统的活动状况又会通过神经系统报告给大脑，以便进一步调节各系统。

3. 大脑最基本的活动方式是反射

反射是机体对刺激作出的规律性应答行动。按起源分为两类：无条件反射和条件反射。

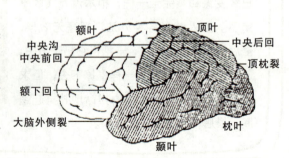

无条件反射是先天固有的反射，如新生儿的吮吸行为。

条件反射是后天形成的、易变的反射，是无条件反射与某种特定的刺激多次结合后形成的反射。

小狗闻到肉骨头就会流口水，听到铃声不会流口水，但是当多次将铃声与肉骨头结合后，铃声也能引起小狗流口水。

资料卡二：心理现象来源于什么？

心理现象是对客观现实的反映。心理是人脑的机能，但是人脑并不会自发地产生心理，只有当客观现实作用于人脑时，人脑才有可能形成对外界刺激的映象，产生心理。客观现实就是指人的心理之外独立存在的一切事物，它们构成人类赖以生存的环境。例如，只有当我们看到或者听说了运动员获奖时，才会产生兴奋的情绪。

"金口难开"的女孩

《三峡传媒网》曾报道：一名3岁女童在重庆三峡中心医院住院时，医务人员发现她一个字也说不出来。尽管得到了医务人员的亲情服务，但日复一日，倾尽心血地万般启发、诱导、刺激之下，女童也只能发出"咿咿呀呀"的声音。打针不哭也不闹，哪里痛不是用语言表达，而是用手指。患儿体重、智力、身高都很正常，但表达方式只知道哭笑，只有肢体语言。

经过耳鼻喉科医师合诊，患儿不能自由言语，听力正常（从背后喊有反应）；声带正常（能哭笑自如），偶尔能发出少许词汇，无明显声带异常。

听力、声带都很正常，那么女童为什么到了说话的年龄还一个字也吐不出来？据女童父亲介绍，女童母亲有些精神障碍，带着女儿改嫁给他。他们家独处在一个周围没有人烟的山沟里，他一年有半年在外打工，女童就和有病的母亲、听力不好的爷爷生活在一起，过着几乎与世隔绝的日子，性格非常孤僻，对人没有亲近感，与长辈也不交流。

由此可见，女童不会说话是因为她的语言环境、成长环境都很差，特别是从家庭情况看，她缺少一个语言环境，没有语言环境，没有语言交流，因而无法形成语言。

资料卡三：每一个人对同一对象所产生的心理现象都一样吗？

心理现象具有主观能动性。心理是人脑对客观现实的反映，但这种反映并不像镜子反映人的影像那么简单。心理是人脑对客观现实的主观能动性的反映。也就是说每个人反映客观事物时都有一个内部的加工过程。所谓主观能动的反映，是指人脑对现实的反映受到个人的态度和经验的影响，从而使反映带有个人主观的特点。比如，对于同样一个笑话，有的人就觉得很好笑，可有的人则觉得没什么意思。

资料卡四：心理现象如何不断发展？

心理现象在实践活动中不断发展。人的各种心理都产生于实践活动。人们只有经常接触社会，与人交往、参加各种社会活动，才能对各种事物产生合理的认识，才能对客观事物产生一定的态度，必要时才会表现出克服困难的意志行动。同时，一个人只有通过大量的、具体的实践活动来加强训练，才能逐步形成自己的能力和特长。

　　鹰不愿意飞是因为它每天都与鸡在一起，受客观现实的影响，它认为自己是一只鸡，所以没有了飞的愿望和能力。

　　鹰能飞是因为它本身具备飞的条件，被主人扔下山崖，被迫扑打着翅膀，进行实践，最终飞了起来。

　　这个案例说明，心理现象的本质是人脑对客观现实能动性的反映，需要以自身条件、客观现实为基础，通过人在实践中的不断加工才能产生。

心理灵魂说

古希腊人信奉万物有灵论，柏拉图和亚里士多德就是在这种观念的基础上把人的心理现象界定为灵魂的。

柏拉图把人的灵魂分等并与他那乌托邦式"理想国"的等级一一对应起来。他把灵魂分为理性、意气和欲望三个等级。理性位于头部，意气位于胸部，欲望位于腹部横膜与脐之间。

亚里士多德发展了柏拉图的灵魂说，写出了世界上的第一部心理学专著《灵魂论》。他认为心理学是自然科学的一部分，在《灵魂论》中把灵魂分为三等：植物只有滋长的灵魂，动物有感性的灵魂，人有理性的灵魂。

柏拉图

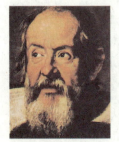

亚里士多德

心理是灵魂的观点实际上是万物有灵论的延续，也是不科学的。

第三节　学前儿童心理发展的影响因素

俗话说："龙生龙，凤生凤，老鼠生子会打洞。"你认为这句话说得有道理吗？老鼠的孩子一定会打洞吗？

任务　分析学前儿童心理发展的影响因素

曾经有一对艺术家夫妇，生了两个双胞胎女儿，但很不幸在她们3岁那年妹妹走丢了，他们也由于战乱而流离失所。很多年后，一次偶然的机会他们重逢了，才得知妹妹被好心的富商收留，并接受良好的教育，成为了小提琴家，而姐姐则早早承担起了家庭的重负，成了普普通通的农民。

想一想

为什么双胞胎姐妹会有不一样的结果呢？是什么影响了她们的发展？

知识锦囊

资料卡一：遗传与生理成熟会产生什么影响？

1. 遗传素质是儿童心理发展的自然前提

遗传是一种生物现象。人类通过遗传将世世代代所形成和固定下来的某些生物特征，由父一代传递给子一代，代代相传，不断延续下去。比如，孩子的眼形、眼的大小遗传自父母，大眼睛相对小眼睛是显性遗传，父母有一人是大眼睛，生大眼睛孩子的可能性就会大一些。双眼皮是显性遗传，单眼皮与双眼皮的人生宝宝极有可能是双眼皮。但父母都是单眼皮，一般孩子也是单眼皮。身高有 70% 取决于遗传，后天因素影响只占 30%。若父母都较高，孩子高的概率较大，矮的概率较小；父母双方都偏矮，则反之。

2. 生理成熟为儿童心理发展提供物质前提

生理成熟是指身体在结构和机能上的生长发育，也称生理发展。人出生后，身体各部分、各器官的结构和机能经过不断的生长、发展，才能达到结构上的完善和机能上的成熟。

小事例

双生子爬楼梯实验

美国心理学家格赛尔曾经做过一个著名的实验：让一对同卵双胞胎练习爬楼梯。其中一个实验对象（代号为 T）在他出生后的第 46 周开始练习，每天练习 10 分钟。另外一个（代号为 C）在他出生后的第 53 周开始接受同样的训练。两个孩子都练习到他们满 54 周的时候，T 练了 8 周，C 只练了 2 周。

这两个小孩哪个爬楼梯的水平高一些呢？大多数人肯定认为应该是练了 8 周的 T 比只练了 2 周的 C 好。但是，实验结果出人意料：只练了两周的 C，其爬楼梯的水平比练了 8 周的 T 好——C 在 10 秒钟内爬上那特制的五级楼梯的最高层，T 则需要 20 秒钟才能完成。

这个著名的爬楼梯实验说明了生理成熟对儿童心理和行为的发展的制约作用。格赛尔分析说，其实 46 周就开始练习爬楼梯为时尚早，孩子没有做好成熟的准备，所以训练只能取得事倍功半的效果；53 周开始爬楼梯，这个时间就非常恰当，孩子做好了成熟的准备，所以训练就能达到事半功倍的效果。提前学习对儿童并没有多大的作用，因为他的生理成熟还没有达到所需要的水平，而技能的学习在某种程度上依赖于儿童生理成熟水平。

资料卡二：环境和教育对儿童发展起什么作用呢？

环境就是指儿童周围的客观世界，包括自然环境和社会环境。阳光、空气、水、食物以及胚胎期的宫内环境等是保证儿童身心健康发展的自然环境因素，儿童所处的社会、生活水平、生活方式、家庭状况等都是影响他们心理发展的社会环境因素。教育受社会性质的制约，它本身也是人的一种社会生活条件。从这一意义上来说，教育跟社会生活条件一样，也是一种环境影响。社会环境为儿童心理发展提供丰富的刺激，教育对儿童心理发展起主动调控作用。

"狼孩"的故事

1920年,在印度米德那波尔地区的狼洞发现"狼孩"卡玛拉(约2岁)和阿玛拉(约8岁),他们具有人类的遗传素质,但不具备正常儿童的心理。狼孩刚被发现时,生活习性与狼一样,用四肢行走;白天睡觉,晚上出来活动,怕火、光和水;只知道饿了找吃的,吃饱了就睡;不吃素食,只吃肉(不用手拿,放在地上用牙齿撕开吃);不会讲话,每到午夜后像狼似地引颈长嚎。卡玛拉经过7年的教育,才掌握4、5个单词,勉强地学几句话,开始朝人的生活习性迈进。她死时估计已有16岁左右,但其智力只相当于3、4岁的孩子。

资料卡三:实践活动对儿童发展有什么影响呢?

儿童在社会环境中是积极的活动者。他们不是消极、被动地接受影响,而是在活动中积极、主动地反映现实。儿童的心理是在一定的活动中形成和发展,并通过活动表现出来的。各种各样的活动是儿童心理发展的基础和源泉。

小提示

双胞胎姐妹都遗传了其父亲的艺术基因,因此双胞胎的基因十分相似,但是由于后天所处环境的不同,妹妹受到了良好的教育,成为小提琴家,但姐姐早早承担家务,其艺术天分没有机会得到发展,才使得她们最终有了不一样的结果。可见,环境和教育对儿童心理的发展有重要作用。

你知道吗

家庭环境是影响儿童心理发展的主要因素:
(1)父母对子女教育不一致。
(2)家里老人的溺爱。
(3)父母关系紧张、敌对或经常争吵。
(4)父母,尤其是母亲与子女长期分离。
(5)父母在家里的权威没有形成。
(6)父母对子女的教育方式以批评、责罚为主。
(7)父母不良的言行。

第四节 学前儿童心理发展的主要理论

　　请同学们课前利用网络、书籍等途径收集整理国内外幼儿教育家及其理论，整理并制作幻灯片。

任务 运用认知发展学说进行教育教学

　　大班教师王老师准备进行科学探究活动"沉与浮"，想让孩子们明白沉与浮所代表的内涵及其基本条件。为此，王老师早在一个星期前就将玻璃缸盛满水放在了活动角，并且在里面放了一些小物件，比如雪糕棍、小钉子、塑料吸管、橡皮等，旁边的小盒子里  还放有好多不同材质的小物件。从王老师放置了那个盛满水的玻璃缸起，这个玻璃缸就吸引了好多小朋友的关注，开始他们不知道这是要干什么，就围在一起一边看一边叽叽喳喳地讨论，没过几天，有的小朋友就开始尝试着把旁边小盒子里的小物件放进玻璃缸里，观察它的变化；有的小朋友把各种物体拿出来又放进去，仔细地观察着。一天，王老师终于宣布要进行"沉与浮"的探究活动，小朋友们兴致可高了。王老师给每个小组分发一套用具，让他们自己去实践，小朋友们都积极地参与到活动中，并踊跃地表达自己的看法。整个活动生动有趣，小朋友们很快就理解了要学习的内容。

想一想

请同学们学习以下资料，并分析、评价王老师的教学方法。

知识锦囊

资料卡：你听说过皮亚杰的认知发展学说吗？

皮亚杰，瑞士人，近代有名的儿童心理学家，是认知发展学说的代表人物。认知发展理论提出内因和外因相互作用的发展观，即心理发展是主体与客体相互作用的结果。皮亚杰认为，儿童心理的发展有四个因素，即成熟、物理环境、社会环境和平衡化，其中平衡化是学前儿童心理发展的决定因素。儿童心理或行为是在环境的影响下通过自我调节的作用使同化和顺应之间相互协调从而达到平衡的过程，其中同化是把外界刺激纳入原有的认知结构；顺应是当原有的认知结构不能接纳外界刺激时，便作一定的改变或创新认知结构再来接纳外界刺激。

皮亚杰前运算阶段特点

皮亚杰把儿童心理发展划分为四个阶段：

感知运动阶段 （0～2岁）	前运算阶段 （2～7岁）	具体运算阶段 （7～11岁）	形式运算阶段 （11～15岁）
这个阶段的儿童主要依靠感觉体验与动作反应来构建对世界的理解。他们主要通过感知运动图式与外界发生相互作用，从仅仅具有反射行为的个体渐渐地发展成为对其日常生活环境有初步了解的问题解决者	这个阶段的儿童将感知动作内化为表象，能够用表象进行思维活动，建立了符号功能	在本阶段内，儿童的认知结构演化为运算图式，能够在具体事物或者具体形象的帮助下组织各种方法进行逻辑思维	该阶段儿童思维发展到抽象逻辑推理水平，不但能够以具体的词语，而且能以抽象的词汇进行思维，开始根据各种假设对命题进行逻辑运算

客体永久性

根据皮亚杰的说法，婴儿最初完全是以转瞬即逝的感觉印象来看这个世界：他们生活在此时此地，对于他们能够直接知觉到的范围之外的任何东西，他们没有任何的意识。给他们一个可爱的玩具，他们会伸手去抓它。但是当在他们抓住玩具之前用一块布盖住玩具的时候，他们就会停止抓取，把自己的注意力转向别处，似乎玩具不再存在一样。只有到9个月之后，婴儿才会继续他们的寻找——在皮亚杰看来，这种寻找意味着婴儿在无法感知到玩具时，玩具仍在他们的头脑中，

这就是获得客体永久性的开始。但是这种观点仍有局限，如果在藏玩具和允许婴儿伸手之间加入一段时间间隔，结果就会有所不同。皮亚杰认为，只有到了大约 18 个月时，婴儿才能以基本成熟的形式对消失的玩具进行心理表征。

小提示

皮亚杰的认知发展学说认为：心理的发展是主体与客体相互作用的结果。大班幼儿处于前运算阶段，在感知运动的基础上逐渐能够运用表象进行思维。王老师在活动前先将活动材料放在活动角，为幼儿提供了外部刺激的支持，促进内外相互作用，最终达到平衡。

你知道吗

学前儿童心理发展的不同理论

除了皮亚杰的认知发展学说，还有许多不同心理学理论：

（1）成熟势力说。

（2）行为主义学说。

（3）精神分析学说。

（4）社会学习论。

小试牛刀

1.讨论：是先天因素还是后天因素对儿童的发展影响更大？

谈到儿童的发展，特别是心理发展，人们比较关心的一个问题是先天遗传起决定作用，还是后天环境起决定作用。在遗传决定论和环境决定论之间，这个问题已经争论了许多年。有人说先天因素更重要，比如，父母都是艺术家，孩子则更具有艺术天赋；有人则说后天因素更重要，比如，先天残疾的人，却可以通过后天的不断努力改变命运。

那么，你认为是先天因素还是后天因素对儿童的发展影响更大呢？

2.学习本章内容后，请同学们谈谈对心理学的认识。

学前儿童的
注意力和感知觉

第一单元

学习目标 ◀

1. 理解注意的概念。

2. 了解注意的外部表现、种类。

3. 掌握解决学前儿童注意力不集中的问题的方法。

4. 理解感觉和知觉的含义、功能与种类。

5. 结合生活理解感觉和知觉的特性。

6. 了解学前儿童感觉和知觉的发展。

7. 掌握学前儿童观察力的培养方法。

第一节　学前儿童的注意

　　搜集学前儿童在日常生活中有关注意的行为表现，以小组为单位整理资料，并以幻灯片的形式在课堂上进行演示分享，时间控制在 5 分钟以内。

任务一　解决学前儿童注意不集中的问题

　　幼儿园里来了一位实习教师，她精心准备了教学内容，并为了拉近与孩子的距离穿了一件色彩艳丽、印有可爱小动物图案的衣服。结果，当老师走进教室时，小朋友们马上目不转睛地盯着她衣服上的小动物看。老师开始讲课，但孩子们并没有注意听她讲的内容，而是在数老师衣服上的小动物。

想一想

　　为什么会出现这样的情况？如果你是一名实习教师，你会怎样做？请同学们参考以下资料，小组合作找出幼儿不注意听讲的原因，并制定出解决方案。

18

知识锦囊

资料卡一：你知道什么是注意吗？

注意是心理活动对一定对象的指向与集中，它是我们生活中较熟悉、常见的一种现象。比如，在课堂上老师会让我们注意听讲，过马路时要小心汽车等等，这些其实就是注意在生活中的表现。我们也可以说注意就是"关注"。

注意本身不是一种独立的心理过程，它是各种心理过程共有的特性，它伴随着各种心理过程而展开。比如，注意听讲就是要把注意放在老师所讲的内容上，小心汽车就是要把注意放在过往的汽车上，只有注意了才会感知到老师所讲的内容或者过往的汽车，言下之意还隐含了"看""听"等心理活动，反之，如果没有注意的参与，人们的各种认识、情感、意志等心理活动也会因为心不在焉而难以展开。注意有两个特点，即指向性和集中性。

指向性是指人在每一瞬间心理活动总是选择了某个对象，而忽略了另一些对象。

小事例

一个人在电影院里看电影，他的心理活动选择了电影中的情节，从而忽略了剧场里的其他观众，甚至有的时候都不知道自己身边坐着什么样的观众。

集中性是指一个人做某件事情时聚精会神的程度。

小事例

医生在做复杂的手术时，他的注意高度集中在病人的病患部位和自己的手术动作上，而与手术无关的其他人和物便被他排除在注意的范围以外。

那么情景呈现中的小朋友们的注意指向和集中在哪里了呢？

资料卡二：一个人注意集中的时候会有什么表现呢？

注意是一种心理活动，但也可以通过人的外部行为表现出来，比较明显的外部表现有：

1.适应性运动

人在注意一个事物或倾听某种声音时，他们的感觉器官常常朝向所注意的对象，以便得到最清晰的印象。注意高度集中时，还常常伴有某些特殊的表情动作，如托住下颌、凝神远望、眼光滞留某处等。

人在注意听一个声音时，把耳朵转向声音的方向，即所谓"侧耳倾听"。

人在注意看一个物体时，把视线集中在该物体上，即所谓"目不转睛"。

当人沉浸于思考或想象时，眼睛朝着某一个方向"呆视"着，周围的一切变得模糊起来。

2. 无关运动的停止

当一个人的注意集中于某项活动时，他会自动停止与这项活动无关的其他动作，如小朋友在注意听故事时他们会停止做小动作或交头接耳，表现得异常安静。

3. 呼吸运动的变化

在注意集中时，人们的血液循环和呼吸都有可能出现变化，如高考查分、观看比赛时会出现肢体血管收缩、头部血管舒张、吸气变短而呼气相对延长等现象。

情景呈现中的小朋友有哪些外部表现呢？

资料卡三：注意有哪些种类呢？

1. 无意注意

无意注意就是我们常说的"不经意"，既没有自觉的目的，不需要意志努力的注意。比如上课时，一个同学迟到，当他走入教室大家就会不由自主地注意他。

2. 有意注意

有意注意就是我们常说的"刻意"，它具有自觉的目的，需要一定意志努力的注意。比如教师在讲述游戏规则时，小朋友不受其他活动干扰，认真倾听。

你认为情景呈现中的小朋友的注意是哪种？如何吸引了幼儿的注意？

资料卡四：注意的品质是什么？

注意的品质包括：

注意的广度、注意的稳定、注意的分配、注意的转移。

注意的广度是指同一时间内，一个人能清楚地觉察到或认识到客体的数量。

注意稳定性是指注意保持在某种刺激或某种活动上的时间长短。

注意的分配是指在同一时间内把注意指向于不同对象。

注意的转移是指人能根据新的任务主动地把注意从一个对象转移到另一个对象上。

幼儿对教师服装上的图案关注较多，而忽略老师所讲的内容，这种注意属于无意注意。小朋友之所以没有认真听讲而是关注教师衣服上的图案，其主要原因有两方面：一方面是教师的着装比较新颖、有趣，分散了幼儿的注意；另一方面小朋友对色彩鲜艳、趣味性强、形象具体的事物比较感兴趣，所以更容易关注教师衣服上的图案。

作为幼儿教师在教学活动中，着装应简单大方，以利于活动的进行，防止分散幼儿注意，同时应利用新颖多变、刺激性强的活动引起幼儿的无意注意，激发和保持幼儿的有意注意，两种注意交替运用、相互转换，使幼儿既能有兴趣地、主动积极地进行活动，又不致引起精神紧张和疲劳。为幼儿制作图片，内容应尽量地简单、明了、突出中心，呈现教具时也不能一次呈现过多。具体指示幼儿应注意的对象，使幼儿明确任务，以延长幼儿注意的时间，并注意到更多的对象。

 你知道吗

1. 引起无意注意的原因

客观原因	主观条件
刺激物的强度	兴趣
刺激物间的对比关系	需要
刺激物的运动变化	态度
刺激物的新异性	情绪状态

2. 引起和保持有意注意的条件

（1）明确活动的目的和任务

有意注意要求幼儿要善于控制自己的注意，使注意服从于一定的活动目的和任务。幼儿对目的和任务理解得越清楚、越深刻，完成任务的愿望越强烈，注意越容易维持。

 小事例

要求幼儿背诵一首诗，并告诉他们这是要在"六一"儿童节庆祝会上朗诵的，幼儿背诵这首诗的注意就会比平时学习背诵诗歌专心、认真得多。

要求幼儿做穿珠练习，幼儿往往注意不集中，但是，要是告诉他，给妈妈做一条项链，他就会很专心地穿珠。

（2）间接兴趣的培养

在无意注意中起作用的兴趣是直接兴趣，这种兴趣是由活动过程本身直接引起的。在有意注意中起作用的是间接兴趣，这种兴趣是对活动目的和结果感兴趣。有时活动过程本身并不吸引人，甚至是非常枯燥乏味的，但活动的结果却很吸引人，从而引起强烈兴趣，这种兴趣便是间接兴趣。

> 教师让幼儿饭前洗手，但是有些幼儿不情愿，老师就说对最讲卫生、爱干净的小朋友要奖励小红花，这些孩子们马上就认真地洗起手来。

（3）合理地组织活动

教师在组织活动时，应对幼儿提出具体的有意注意的要求，比如，"请小朋友们注意听这个故事里讲了什么""用心看，老师是怎么画的，从哪儿起笔、画到哪儿为止"。并且教师可以运用具有暗示性、赏识性的语言，这会对于幼儿的有意注意起着非常重要的指导作用。教师还应当把智力活动与实际操作结合起来，比如，在计算时，点数桌上的小木棒；在观察时，翻看面前的实物，等等。

任务二　把握学前儿童注意的特点

在小班娃娃家游戏中，开始丫丫会把自己当成娃娃的妈妈耐心地喂饭，但当她转身去拿"饭"时，发现其他小朋友正在沙坑里搭一座"小花园"，看上去很有趣，她的注意便一下子转到"小花园"，而走到沙坑那边去玩了。

想一想

丫丫为什么这么容易"见异思迁"？请结合日常生活中的经验及以下资料对丫丫的行为进行分析，以小组为单位提交思考结论。

资料卡：学前儿童各年龄段注意有什么样的特点呢？

幼儿注意的特点：幼儿的无意注意高度发展，有意注意开始发展。

1. 学前儿童无意注意的发展

幼儿的无意注意已高度发展，而且相当稳定。

★小班幼儿的无意注意力占优势，新异、强烈、活动着的刺激物容易引起注意力。

★对于喜爱或感兴趣的游戏、学习活动，可以聚精会神地进行。

★注意力很容易被其他新异刺激事物所吸引，也容易转移到新的活动中去。

★注意力很不稳定

★中班幼儿无意注意力已进一步发展，且比较稳定。

★对于有兴趣的活动，能够长时间地保持注意力。

★在学习活动中，对感兴趣的，也可以长时间地埋头做。

★他们的注意力不但能持久、稳定，而且集中的程度也较高

★大班幼儿的无意注意力进一步发展和稳定。

★对于有兴趣的活动，能比中班幼儿更长时间地保持注意力。

★直观、生动的教具可以引起他们长时间的探究。

★中途突然中止他们的活动，往往会引起他们的反感。

★无意注意力已高度发展，相当稳定

2. 学前儿童有意注意的发展

幼儿的有意注意开始发展。

★小班幼儿有意注意初步形成。能够按要求，主动调节心理活动，集中于应该注意的事物。

★有意注意力稳定性很低，不能有意地持久集中于一个对象上。注意力集中时间可达到3~5分钟。

★注意力的对象较少。

★不能同时注意几种对象，注意力的分配能力很低

★中班幼儿有意注意力得到发展。

★在适宜条件下，注意力集中的时间可达到10分钟左右。

★在短时间内，可以自觉地把注意力集中于一种并非十分吸引他们的活动上。

★活动时，已经能够同时注意到几种对象，注意力的分配能力有所提高

★大班幼儿有意注意力迅速发展。

★注意力集中的时间达到10~15分钟，能按照教师的要求去调整自己的注意力。

★不仅注意外部对象，对自己的情感、思想等内部状态也能予以注意。

★有意注意力已相当发展

情景呈现中丫丫的注意有什么样的特点呢？

 小提示

幼儿有意注意力的主要特点

　　各年龄段幼儿注意的特点有所不同，小班幼儿的无意注意占优势，有意注意开始萌芽。所以小班丫丫的注意很容易被其他新异刺激的事物所吸引，也容易转移到新的活动中去。此时幼儿的有意注意的稳定性很低，不能持久地集中于一个对象上。

 你知道吗

影响学前儿童注意发展的因素：

1. 与外界刺激本身的特点、性质有关

周围环境中那些新鲜、好玩的事物或强烈多变的东西，都容易引起幼儿的注意。比如色彩鲜艳的图片、一闪一闪的玩具、旋转的木马等。

2. 与幼儿的兴趣、需要有关

幼儿喜欢玩具，喜欢做游戏，喜欢听故事，喜欢颜色鲜艳的图片，因此，在活动时如若有这些事物，则比较容易引起幼儿的注意。

3. 与幼儿的生理成熟水平有关

实验表明，大脑皮质是注意的主要生理机制，注意的强度、稳定性与大脑皮质的兴奋和抑制机能有直接的关系，而幼儿的大脑皮质正在发育之中，这两种机能，特别是抑制机能还没充分发展，兴奋机能与抑制机能不平衡，容易产生兴奋而且难以抑制。因此，这就从生理上决定了幼儿注意的稳定性较差，当出现新异刺激时，容易兴奋而难以抑制。

4. 与教师的教学方法有关

幼儿在学习活动中注意的集中与否与教师的教学方法、手段是否灵活多变，教学内容深浅是否适中，教学语言是否生动有趣有着直接的关系。过深或者过浅的教学内容、呆板不变的教学方法、单调平淡的教学语言，都容易使幼儿的注意发生转移。

5. 与幼儿自身的身体状态有着密切的关系

一个幼儿由于营养过剩或者营养不良所导致的身体不健康，都会阻碍其注意的发展。一个幼儿如果身体不适，参与活动时是很难集中注意的。

任务三　审慎处理幼儿多动现象

大班幼儿明明在集体教学活动中注意很难集中，是个"坐不住的孩子"，有时他会"骚扰"周围的小朋友而打断教师正在进行的活动；对于教师布置的任务，他常常不能很好地完成；他想参与同伴的活动，却因不适宜的方式而被同伴拒绝。周围的小朋友实在驱逐不了他的情况下还会去向老师告状。老师对于这个经常惹麻烦的孩子也很伤脑筋，经常当众批评他，盛怒之下她勒令全班的孩子不要理他，并告知家长说明明可能患了多动症。但这种教育方法的效果并不好，时间一长，在其他孩子的眼中，明明成了一个调皮、只知道惹老师生气的坏孩子。

明明真的患了多动症吗？如果你是明明的老师你该怎么办？生活中有很多小朋友都比较活泼好动，那他们真的患有多动症吗？请以小组为单位，结合以下资料进行分析并提交解决方案。

资料卡：你知道什么是多动症吗？

多动症也称作轻微脑功能失调，这是一种行为障碍，主要特征是活动过多，注意不集中，容易激动，行为冲动，情绪不稳定。注意缺陷障碍又称儿童多动综合症（Hyperkinetic Syndrome），简称多动症。特发于儿童学前时期，活动量多是明显症状。注意缺陷障碍是多动、注意不集中、参与事件能力差，伴随认知障碍和学习困难，智力基本正常等表现的一组综合症。WHO 在国际疾病分类第 10 版（ICD-10）中命名本病为儿童多动综合症。

情景呈现中明明的行为表现可以判定其为多动症吗？

一个儿童是否患多动症仅凭经验是难以正确判定的，必须根据生活史、临床观察、神经系统检查、心理测验等进行综合分析才能确定，因此，我们不能把学前儿童的好动当作多动症来对待而加以斥责，甚至推卸责任。针对明明的注意集中困难的表现，我们应该采取适当措施。

作为一名幼儿教师，当通过认真地观察发现某个小朋友比较好动，注意不易集中时，首先，要对自己的教育和教学工作进行检查，分析和确定儿童注意分散的原因，积极改善自己的教育和教学工作。其次，要积极培养幼儿良好的注意习惯，促进幼儿注意的发展。最后，要及时与家长进行沟通，争取家长的配合。

防止学前儿童注意分散的方法：

1. 防止无关刺激的干扰

游戏时不要一次呈现过多的刺激物，活动前应先把玩具、图画书等收起放好，活动时运用的挂图等教具不要过早地呈现，用过应立即收起。对年幼的儿童更不应出示过多的教具。教师的装束要整洁大方，不要有过多的装饰，以免分散儿童的注意。

2. 制定合理的作息制度

制定合理的生活起居制度，使幼儿有充分的睡眠和休息。比如，晚上按时睡觉，培养良好的午休习惯，外出活动不要太多，避免幼儿过度疲劳。幼儿充沛的精力可以防止注意的分散。

3. 培养良好的注意习惯

成人应培养幼儿集中注意学习、集中注意做事的良好习惯，使他们在学习或者参加其他活动时不要随便行动或者漫不经心，当幼儿专注于一件事情时，成人也不要随便干扰他们，打断他们的注意，使幼儿在实践中养成集中注意的习惯。

4. 灵活地交互运用无意注意和有意注意

教师可以运用新颖、多变、强烈的刺激，激发幼儿的无意注意。但无意注意不能持久，而且学习等活动也不是专靠无意注意所能完成的，因此还要培养和激发幼儿的有意注意。教师可以帮助幼儿明确活动的目的和任务，比如，要求幼儿背诵一首唐诗，并告诉他们这首诗是要在"六一"儿童节庆祝会上朗诵的，

如何有效防止幼儿
注意力分散

幼儿背诵这首诗的注意就会比平时学习时更专心、更认真。教师要善于把握两种注意的特点，灵活运用无意注意和有意注意，随时转换，从而帮助维持幼儿注意的持久性。

5. 提高教学质量

教师要积极提高教学质量，这是防止幼儿注意分散的重要保障。教师要灵活运用多种教学方法，以及各种新颖、有趣的教学用具，并配以形象生动的教学语言，激发幼儿的求知欲和好奇心，促进幼儿持久集中注意，防止幼儿注意受到干扰而涣散。

1. 经典故事——弈秋学弈

《孟子·告子上》中有这样一则故事：弈秋是全国最会下棋的人。弈秋教两个徒弟下棋，其中一个徒弟专心致志，一心一意只听弈秋的教导；而另一个徒弟虽然也在听着，可他心里却总想着有天鹅要飞过来，想拿弓箭去射它。后一个人虽然同前一个人一起学习，成绩却学得不如前一个。是他的智力不如那个人吗？回答说：不是这样的。

思考：你认为是什么原因造成两个徒弟学习的结果是不一样的呢？

2. 实践

请运用本节课所涉及的相关知识，到实际生活中帮助幼儿解决不良的注意习惯问题。

第二节　学前儿童的感知觉

诗歌鉴赏，分析诗歌中出现了哪些感觉？

秋夕

杜牧

银烛秋光冷画屏，轻罗小扇扑流萤。

天阶夜色凉如水，卧看牵牛织女星。

任务一　了解感知觉的基本常识及其功能

妇幼保健医院每天都会迎来很多新生儿，每个新生的幼儿在接下来的几天都要定期接受各种身体的检查，其中对身体五官的检查是最基本的。检察员会拿着各种器具测试新生儿的耳朵、眼睛、鼻子、手脚等各器官是否正常。

想一想

以小组为单位结合以下资料卡知识解答为什么要对新生儿进行各种感官的检测。

资料卡一：什么是感觉？什么是知觉？

感觉是人脑对直接作用于感觉器官的客观事物的个别属性的反映。

知觉是人脑对直接作用于感觉器官的客观事物的整体的反映。

小事例

　　我们想知道苹果是什么样的，需要用眼睛去看它的颜色和形状，用手去触摸和感受它的光滑度，用口舌去品尝它的滋味，从而得到它是什么颜色、什么味道、什么形状等的各种属性，这就是感觉。

　　见过、吃过苹果的幼儿看到苹果或者苹果的图片直接进入脑海的就是对事物整体的认识，即这是个苹果，这就是知觉。

　　所以，感觉是知觉的基础，没有感觉就没有知觉，感觉是知觉的组成部分，存在于知觉之中，很少有孤立的感觉。你还能举出别的区分感觉和知觉的例子吗？

资料卡二：感知觉对我们有什么意义？

　　感知觉是认识的开端，是获得知识的源泉。人对客观世界的认识是从感知觉开始的，人类的知识是建立在感性经验的基础上的。

　　感知觉是一切心理现象的基础，也是个体与环境保持平衡的保障。没有感知觉，外部刺激就不可能进入人脑中，我们就不可能产生记忆、想象和思维等高级心理活动，可以说没有感知觉也就没有人的心理，当人的感觉被剥夺或感知觉缺损不能正常感知时，人的心理就会出现异常，人们就会出现严重的心理障碍，甚至难以生存。

小资料

感觉剥夺

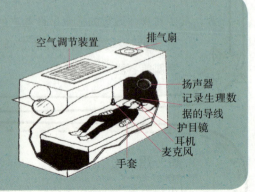

　　感觉剥夺现象作为研究专题还是从第二次世界大战后开始的，首先从事这项实验研究的是加拿大的科学家。他们把受试的志愿者关在恒温、密闭、隔音的暗室内。7 天之后，受试者出现感觉剥夺的病理心理现象：出现视错觉、视幻觉，听错觉和听幻觉；对外界刺激过于敏感，情绪不稳定，紧张焦虑；主动注意涣散；思维迟钝；暗示性增高；神经症征象等。而对动物进行的感觉剥夺研究表明，把动物放在完全无刺激的寂静环境中，会损伤动物健康，甚至可以引起死亡。

　　新生儿在出生后及满月后要进行各种体检，比如有常规的脸部、囟门、眼睛、嘴巴、耳朵、颈部、皮肤、四肢、关节等外部特征检查，还要进行腹部、心脏、体温、脉搏、血液等比较复杂的内部检查。从观测新生儿的内部和外部生理特征来判断其身体是否健康，有没有先天和后天性疾病，以便及早发现及早对症诊治。婴幼儿感知觉是否正常和健康对其一生的生理和心理发展都有着前提性和关键性的作用。

一、感觉的种类

　　根据刺激的来源不同，我们可以把感觉分为外部感觉和内部感觉。外部感觉是由机体以外的客观刺激引起，反映外界事物个别属性的感觉。外部感觉包括视觉、听觉、嗅觉、味觉和肤觉。内部感觉是由机体内部的客观刺激引起，反映机体自身状态的感觉。内部感觉包括运动觉、平衡觉和机体觉。

1. 外部感觉

（1）视觉

以眼睛为感觉器官，辨别外界物体明暗、颜色等特性的感觉就是视觉。

　　产生视觉的适宜刺激是可见光，人对光波的感知有三种特性：明度、色调（或色相）与饱和度。

　　明度，就是色彩的敏感程度。明度指由光线强弱决定的视觉经验，是对光源和物体表面的明暗程度的感觉。

　　色调指物体的不同色彩。不同波长的光作用于人眼引起不同的色调感觉，如 700 nm 的光波引起的色调感觉是红色，620 nm 的光波引起的色调感觉是橙色。黄色为明度最高的色调，处于光谱的中心位置；紫色是明度最低的色调，处于光谱的边缘。

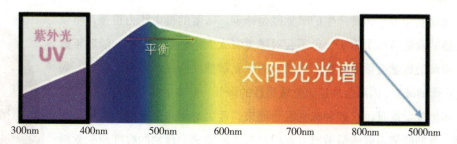

　　饱和度反映的是光的成分的纯度。例如，浅绿色、墨绿色等是饱和度较小的颜色，而鲜绿色是

饱和度较大的颜色。

（2）听觉

声波振动鼓膜产生的感觉就是听觉。引起听觉的适宜刺激是频率（发声物体每秒钟振动的次数）为 16 ~ 20 000 Hz 的声波。低于 16 Hz 的振动是次声波，高于 20 000 Hz 的振动是超声波，都是人耳所不能接受的。

听觉器官对声波的反映表现为音高、响度和音色。

音高指声音的高低。通常成年男性说话的音调要低于成年女性的音调。

响度指声音的强弱程度，主要由声波的振幅决定。振幅越大，声音的响度越大；振幅越小，响度也就越小。测量响度的单位是分贝。生活中，耳语声的响度是 20 dB，普通谈话的响度是 60 dB，繁忙的街道的响度是 80 dB，响雷的响度是 120 dB。长时间处于 85 dB 以上环境中的人会产生听力损失。

听觉的发展

音色指声音的特色，由声波的波形决定。例如，胡琴和小提琴发出的音高、响度即使相同，但听起来还是两种不同的声音，这种差别就是音色的差别。由于声音具有各种不同的特色，我们才可能辨别不同的发声体。

（3）嗅觉

某些物质的气体分子作用于鼻腔黏膜时产生的感觉就是嗅觉。

引起嗅觉的适宜刺激是有气味的挥发性物质，接受嗅觉刺激的感受器是鼻腔黏膜的嗅细胞。有气味的气体物质作用于嗅细胞，使细胞产生兴奋，经嗅束传至嗅觉的皮质部位（位于颞叶区），因而产生嗅觉。

许多动物要借助嗅觉来寻找食物、躲避危险、寻求异性。人的嗅觉已退居较次要的地位。例如，德国牧羊犬的嗅觉比人类的嗅觉敏锐 100 万倍。但即使这样，人的嗅觉仍为我们的生存提供重要的信息。例如，有毒的、腐烂的物质常伴有难闻的气味，这对于想食用它们的人来说是一种警告。人的嗅觉受多种因素的影响，如刺激物的作用时间、机体生理状态、空气的温度和湿度等。温度太高、太低，空气湿度太小，机体感冒等，都会降低嗅觉的敏感性。

研究表明，嗅觉刺激可以唤起人们的记忆和情绪，芳香的气味可以使人心情好，增强自信，提高工作效率。

（4）味觉

可溶性物质作用于味蕾产生的感觉就是味觉。味蕾的再生能力很强，所以即使因吃热的食物烫伤了舌头，也不会对味觉有太大的影响。但是，随着年龄的增长，味蕾的数量会逐渐减少，因此人的味觉敏感性会逐渐降低。吸烟、喝酒会加速味蕾的减少，因而会加速味觉敏感性的降低。基本的味觉有酸、甜、苦、咸四种，其他味觉都是由这四种味觉混合而来。舌尖对甜味最敏感，舌中对咸味最敏感，舌的两侧对酸味最敏感，舌根对苦味最敏感。食物的温度对味觉敏感性有影响。一般来说，食物的温度在 20℃ ~ 30℃时，味觉敏感性最高。机体

甜味
咸味
酸味
酸味
苦味

状态也会影响味觉敏感性，比如，饥饿的人对甜、咸的食物较敏感，对酸、苦不太敏感。

（5）肤觉

刺激作用于皮肤引起的各种各样的感觉就是肤觉。肤觉的基本形态包括触压觉、温度觉和痛觉。其他各种肤觉是由这几种基本形态构成的复合体。

触压觉是由非均匀的压力在皮肤上引起的感觉。触压觉包括触觉和压觉。当机械刺激作用于皮肤表面而未引起皮肤变形时产生的感觉是触觉；当机械刺激使皮肤表面变形但未达到疼痛时产生的感觉是压觉。相同的机械刺激在皮肤的不同部位引起的触压觉的敏感性是不同的，额头、眼皮、舌尖、指尖较敏感，手臂、腿次之，胸腹部、躯干的敏感性较低。

温度觉是指皮肤对冷、温刺激的感觉。温度觉包括冷觉和温觉两种。冷觉和温觉的划分以生理零度为界限。生理零度指皮肤的温度，随外界温度的变化而变化。温度刺激高于生理零度，引起温觉；温度刺激低于生理零度，引起冷觉；温度刺激与生理零度相同，则不能引起冷觉和温觉。人体不同部位的生理零度不同，一般情况下，面部为33℃，舌下为37℃，前额为35℃。当外界温度刺激超过45℃时，会使人产生热甚至烫的感觉，这种感觉是温觉和痛觉的复合。

痛觉是对伤害有机体的刺激所产生的感觉。引起痛觉的刺激很多，包括机械的、物理的、化学的、温度的以及电的刺激等。痛觉对有机体具有保护作用。影响痛觉的因素有很多，我们可以通过药物、电刺激、按摩、催眠、放松训练、分散注意力等方法减轻痛觉。我国学者研究表明，人体皮肤对痛觉的敏感性一年中经历两次周期性的变化，春、秋两季比夏、冬两季要迟钝，其原因尚不明了。

2. 内部感觉

（1）运动觉

反映身体各部分运动和位置的感觉叫运动觉。引起运动觉的适宜刺激是身体运动和姿势的变化，接受运动觉刺激的感受器位于肌肉、韧带、关节等的神经末梢。凭借运动觉，我们可以行走、劳动，还可以进行各种体育活动，完成各种复杂的运动技能；凭借运动觉与触觉、压觉等的结合，我们可以认识物体的软硬、弹性、远近、大小和滑涩等特性。

（2）平衡觉

反映头部位置和身体平衡状态的感觉叫平衡觉。引起平衡觉的适宜刺激是身体运动时速度和方向的变化，以及旋转、震颤等。平衡觉的作用在于调节机体运动、维持身体的平衡。平衡觉与视觉、机体觉有联系，当前庭器官受到刺激时，视野中的物体仿佛在移动，我们会产生眩晕、恶心和呕吐等。

（3）机体觉

机体内部器官受到刺激时产生的感觉叫机体觉。引起机体觉的适宜刺激是机体内部器官的活动和变化，接受机体觉刺激的感受器分布于人体各脏器的内壁。机体觉在调节内部器官的活动中具有重要作用，它能及时地反映机体内部环境的变化、内部器官的工作状态。当人体的内部器官处于健康、正常的工作状态时，一般不会产生机体觉。机体觉的表现形式有饥、渴、气闷、恶心、窒息、便意、胀、痛等。

二、知觉的种类

1. 根据知觉过程中起主导作用的分析器不同分类

知觉可分为视知觉、听知觉、嗅知觉、味知觉和肤知觉等。

各种智力拼图游戏中，将原本完整的彩图按照一定的规律分解成若干个小部分，要求儿童根据原图还原，这就是考察儿童的视知觉；天气变冷皮肤感到冷，就知道应该添加衣服了，这就是肤知觉。

2. 根据知觉对象不同分类

（1）物体知觉，即对物的知觉，主要有空间知觉、时间知觉和运动知觉。例如，幼儿对前、后、左、右、上、下等方位的认知；对黑夜、白天、昨天、今天、明天等时间的感知；对闪烁的霓虹灯的认知，等等。

（2）社会知觉，是对人的知觉，主要包括对他人的知觉、自我知觉和人际关系的知觉。例如，儿童对家庭亲人关系的认知，知道家里有爸爸、妈妈、爷爷、奶奶等亲人，对自己在家庭和幼儿园的角色定位的认知，知道自己是爸爸、妈妈的孩子，是幼儿园小伙伴的朋友等。

大小知觉

任务二　了解为什么我们的感受性不一样

在《少年中国强》节目中，盲童刘浩展示了"听音辨杯"的能力，在大小不同、水量不同的 30 个杯子上，礼仪小姐用手研磨发出声音，每个杯子都能发出杂乱无章、极具干扰性的声音，但听过一遍后，刘浩都能够快速准确地说出任意声音所对应的杯子序号，过人的声音辨别能力和天赋震惊全场，被称为现实版的"听风者"。

想一想

你能不能做一个类似的实验，看看自己有没有这个能力？请结合你的所见所闻和以下资料讨论一下，刘浩的这种能力我们普通人有吗？他为什么拥有这样敏锐的听觉？

资料卡：什么是感受性？

感受性即感觉的能力。不同的人对同等强度刺激物的感觉能力是不一样的，就是我们的感受性不一样。一个人的感受性高低也不是一成不变的，同一个人在不同条件下，对同一刺激物的感受也是有高低变化的。那么感受性都是怎么变化的？又有什么规律呢？

感受性变化规律	举例
感觉的相互作用：各种感觉是相互联系，相互制约的，不同感觉的相互作用可以使感受性发生变化	视觉与味觉作用，如颜色鲜艳的食物容易引起我们的食欲，而形象、色泽不好的食物会降低我们的食欲
感觉的适应：在刺激物持续作用下引起感受性的变化	嗅觉适应：古语说，入芝兰之室，久而不闻其香；入鲍鱼之肆，久而不闻其臭。视觉适应：明适应——暗适应
感觉的对比：同一感受器接受不同的刺激而使感受性发生变化	同时对比：月明星稀、红花绿叶。相继对比：吃了糖之后再吃苹果会觉得苹果很酸；吃了苦药之后，喝白开水也觉得甜
感受性的训练：人的感受性可以通过实践活动的训练得到提高	熟练的汽车司机侧耳一听就能听出机器运转的异常。品酒师能在众多相似的红酒中辨别出红酒的年份和产地

情景呈现中的刘浩有着超乎常人的听力，也就是他的听觉感受性比较强，而这种感受性除了天赋以外，更多是后天训练的结果。刘浩属于后天的盲童，研究表明由于某种原因造成丧失一种感觉能力的人，其他感觉能力由于代偿而得到特殊的发展，所以盲人的听觉和触觉一般特别发达。他们这种惊人的表现并不是他们先天具有特殊的分析器，而是后天生活和实践过程中长期锻炼发展起来的。

你还知道更多类似刘浩这样的在其他方面感受性比较出色的案例吗？

知觉的特性

知觉的选择性	如，鹤立鸡群；满天星星最易注意到流星
知觉的整体性	如，同样的歌曲用不同乐器演奏都可以听出是同一首歌
知觉的理解性	如，医生解读 X 光片背后患者的病情
知觉的恒常性	如，雪在任何灯光下都被知觉为白色

观察下面的图片体会知觉的特性。

知觉的选择性

知觉的理解性

任务三　了解感统失调及其干预

情景呈现

　　儿童行为矫正中心近期接待了两个幼儿，其中A幼儿总是表现为对别人的话听而不闻，丢三落四，经常忘记父母和老师说的话或布置的任务。B幼儿表现为平衡能力差，走路容易摔倒、经常摔伤，不能像其他孩子那样翻滚、拍球等，手工能力差，精细动作差。刚开始父母以为是年纪小慢慢就好了，结果到了大班情况一直没有好转。鉴于他们和同龄正常儿童的对比以及对他们的观察测验，医生初步诊断这两个幼儿可能出现了感统失调问题，必须及时进行纠正和治疗训练。

哎呀
我又摔倒了！

想一想

　　结合信息化手段和以下资料分析这两个幼儿到底是什么问题？什么是感统失调？应如何进行治疗和干预？

资料卡一：学前儿童感觉的发生与发展

1. 视觉的发展

新生儿的视觉系统（包括眼睛和视神经系统）还没有完全发展和成熟，他们能看到东西，只是他们所看到的东西比较模糊，不过，婴幼儿视力功能中有一些方面的发展是很快的，比如视敏度、颜色辨别，这些功能在很多方面已接近成人。

（1）视敏度

视敏度即视觉敏锐度，是指精确地辨别物体在形体上最小差异的能力，俗称"视力"。7岁的幼儿是视力发展最快的时候，如果以6～7岁幼儿的视敏度发展程度为100%，则4～5岁的幼儿为70%，5～6岁的幼儿为90%，所以5岁是视敏度发展的转折期。

由于学龄期阅读量的增加，眼睛疲劳容易让儿童的视敏度下降。所以，我们要注意幼儿期视敏度的发展，在制作教具、图片时对年龄小的幼儿，文字图片要大些，桌椅要考虑孩子的身高，教室的采光要充足。

（2）颜色视觉

颜色视觉是指区别颜色细致差别的能力，也叫辨色能力。幼儿初期已能初步辨认红、橙、黄、绿、蓝等基本色，但在辨认混合色和近似色时有困难。幼儿中期大多数能认识基本色和近似色，并能说出基本色名称。幼儿晚期不仅能认识颜色还能在画图时运用各种颜色调出需要的颜色，能正确地说出混合色和近似色的名称。

教育工作者在教育中要注意指导幼儿掌握明确的颜色，通过近似色的对比指导幼儿辨色，使幼儿多接触各种颜色，并经常教育幼儿做精确的辨认。

2. 听觉的发展

研究发现，婴儿在出生前就有了听觉能力。正常产期的胎儿，怀孕第二十周就已具备这种能力，他们对声音可能出现生理变化和身体反应。到第二十八周时，胎儿对呈现在靠近母亲腹部的声响出现紧闭眼睑的反应。研究发现，如果不能以这种方式做出反应的胎儿，在出生后可能出现听觉障碍。

（1）听觉感受性

听觉感受性包括听觉的绝对感受性和差别感受性。绝对感受性是指幼儿分辨最小声音的能力。差别感受性是指幼儿分辨不同声音最小差别的能力。幼儿之间有差异，但是总体上随着年龄的增长而不断完善。

（2）言语听觉

幼儿辨别语言是在言语交往过程中发展完善的，幼儿中期可以辨别语言的细小差别；幼儿晚期基本能辨别本民族所包含的各种语音。但是在语言教育中，教育工作者要注意幼儿是否听得清楚，及时发现幼儿听觉方面的缺陷和重听现象。

重听是指幼儿对别人说的话听不清楚或听不完全，但他们常常能根据说话者的面部表情和唇部动作以及当时的说话情境猜出说话内容。这种现象往往不易察觉，但是对幼儿言语听觉和智力发展有影响，要引起重视。

3. 触觉

触觉是肤觉和运动觉的联合，也是学前儿童认识世界的主要手段。新生儿明显地表现出对触摸的敏感，他们表现的第一个感觉现象就是通过触摸去反应。触觉的敏感性在他们出生的开始几天内就快速增长。他们的手掌、脚掌和面颊的触觉相当敏锐。

幼儿对于软硬、轻重、粗细等性状的辨别在很小的时候就发展起来了，触觉的差别感受性在幼儿期才开始发展起来，如让幼儿用手掂量物体重量，4 岁幼儿的错误率大于 70%，而 7 岁幼儿错误率只有 37%。

资料卡二：感统理论

1972 年美国南加州大学临床心理学家爱尔丝博士创造了"感觉统合"，即感统理论。感统是指人体器官各部分感觉信息输入组合起来，经大脑统合作用，完成对身体外的知觉做出反应。只有经过感觉统合，神经系统的不同部分才能协调整体作用使得个体与环境顺利接触。没有感觉统合，大脑和身体就不能协调发展，也就是会出现感觉统和失调现象，简言之，就是儿童大脑在发展的过程中出现了轻微的障碍，导致大脑和身体各部分的协调出现了障碍。

感统失调全称感觉统合失调，感觉统合是大脑的功能，感觉统合失调即为大脑功能失调的一种，也可称为学习能力障碍。感统失调有以下表现：

1. 前庭平衡功能失常

前庭平衡功能失常表现为好动不安，走路易跌倒，注意力不集中，上课不专心，爱做小动作，容易违反课堂纪律，容易与人冲突，调皮任性，爱挑剔，很难与其他人同乐，也很难与别人分享玩具和食物，不能考虑别人的需要，还可能出现语言发展迟缓、语言表达困难、说话迟。

2. 视觉感不良

视觉感不良表现为无法流利地阅读，经常出现跳读或漏读、多字或少字；写字偏旁部首颠倒，甚至不识字，学了就忘，不会做计算，常抄错题、抄漏题等。

3. 触觉过分敏感

触觉过分敏感表现为紧张、孤僻、不合群，害怕陌生的环境，爱咬指甲、爱哭，爱玩弄生殖器，过分依恋父母，容易产生分离焦虑或过分紧张，爱招惹别人，偏食或暴饮暴食，脾气暴躁等。

4. 听觉感不良

听觉感不良表现为对别人的话听而不闻，丢三落四，经常忘记老师说的话和布置的作业等。

5. 本体感失调

本体感失调表现为缺乏自信，消极退缩，手脚笨拙，语言表现能力极差等。

6. 动作协调不良

动作协调不良表现为平衡能力差。走路容易摔倒，经常出现摔伤，不能像其他孩子那样会翻滚、骑车、跳绳或拍球，手工能力差、精细动作差等。

造成感统失调的原因主要有以下几个方面：

1. 生理原因（先天性的）

（1）因胎位不正引起的平衡失调。

（2）因早产或剖腹产造成幼儿压迫感不足，造成触觉失调。

（3）因怀孕期间不正确的吃药和打针对幼儿造成伤害。

2. 环境及人为的原因（后天性的）

（1）由于家庭和都市化生活，使得儿童活动范围变小，大人对幼儿过度保护，事事包办，导致儿童接受的信息不全面。

（2）父母太忙碌，很少辅导而造成幼儿右脑感官刺激不足。

（3）出生后，没让孩子经过爬行阶段就直接学习走路，产生了前庭平衡失调。

（4）家长不允许孩子玩土、玩沙，从而造成幼儿触觉刺激缺乏。

（5）过早地使用学步车，使幼儿前庭平衡及头部支撑力不足。

（6）父母的要求太高，管教太严，人为地造成孩子压力太大，儿童自由活动时间太少。

 小提示

　　根据医生的临床诊断，情景呈现中的两个幼儿确实出现了感觉统合失调的问题，为了孩子的健康发展，应该尽早配合治疗。感统失调的宝宝智力都很正常，只是宝宝的大脑和身体各部分的协调出现了障碍，使得许多优秀的方面表现不出来。感统失调并不是一种病症，药力的治疗是无效的，必须通过正确的感统教育训练才能得到纠正。感统训练对宝宝的健康成长有一定的促进作用，所以家长适时地进行感统训练可以改善婴幼儿的感统失调现象。但是6岁以后就难矫正了，所以家长一定不要错过这个时期。

我们可以通过对大脑平衡功能的训练，在孩子出生后就要经常适度地抱着孩子摇晃，让孩子的大脑平衡能力得到最初的锻炼，还要锻炼爬行以有助于手脚协调能力，大一点的孩子还可以锻炼走平衡木、荡秋千、旋转木马等游戏；我们也可以让孩子多进行各种体育活动，如翻跟斗、拍皮球、跳绳、游泳、打羽毛球等；还可以让孩子从小多玩沙、水和泥土，光着脚走路，玩羊角球，用粗糙的毛巾给孩子浴后擦身，用毛刷子刷身体，多玩一切需要身体接触的游戏。

学前儿童知觉的发展

1. 空间知觉

（1）方位知觉

方位知觉是个体对自身或物体所处的位置和方向的反映，包括对其方向和同主体之间距离的信息认识，如对上下、前后、左右，东、西、南、北、中的知觉。幼儿的方位知觉发展的顺序是上、下、前、后、左、右。3岁的幼儿能辨别上、下；4岁的幼儿能辨别前、后；5岁的幼儿能以自我为中心地进行左、右的辨别，6岁虽然能完全辨别上、下、前、后四个方位，但对左、右方位的相对性辨别仍有困难。7～8岁的儿童才能以客体为中心辨别左、右，但对左右概念的理解要到11岁前后。

由于幼儿辨别空间方位是以自身为中心辨别，过渡到以其他客体为中心辨别，因此教师在舞蹈、体育等活动中要做"镜面"示范。

（2）形状知觉

形状知觉是对物体几何形体的知觉。对幼儿来说，对不同几何图形的辨别难度有所不同，由易到难的顺序是：圆形、正方形、半圆形、长方形、梯形、菱形。

为了更好地促进幼儿形状知觉发展，教师在教学中一方面要使幼儿准确地掌握关于几何图形的词语，还要让幼儿在看与摸的结合中学习几何形体。

（3）距离知觉

距离知觉是辨别物体远近的知觉。幼儿常常不懂得透视原理，不懂得近大远小、近清晰远模糊的原理，所以绘画中常常不能把实物的距离、位置、大小等空间特性正确表现出来，不能判断作品中物体远近位置，例如，常把远处的树称为"小树"，近处的树称为"大树"。

2. 时间知觉

时间知觉是对客观事物运动的延续性、顺序性和速度的反映。

幼儿前期主要从人体内部的生理状态来反映时间，如到吃饭时间，感觉到饿，想要吃饭。幼儿初期有了一些初步的时间概念，但往往与他们具体的生活活动相联系，如早晨就是起床的时间，下午就是妈妈接回家的时间，晚上就是睡觉的时间。一般来说，他们只懂得现在，不理解过去和将来。幼儿中期可以正确理解昨天、今天、明天，也会用早晨、晚上等词语，但对于较远的时间不很理解。幼儿晚期就开始能辨别前天、后天、大后天，也能分清上午、下午，知道星期几和四季，但对于更短或更远的时间观念就难以分清，如马上、从前等。

幼儿的时间知觉是在受教育过程中发展的，有规律的幼儿园生活能帮助幼儿建立时间概念。音乐和体育活动使幼儿掌握有节奏的动作，观察有时间联系的图片，如蝌蚪变青蛙等，有助于幼儿时间观念的形成，通过讲故事可以使幼儿掌握从前、古时候、后来、很久很久等词汇。

小资料

美国心理学家吉布森（E. J. Gibson）等人在 20 世纪 60 年代初设计的视崖实验表明，大部分会爬的婴儿都拒绝从深渊的一侧爬向母亲。结果不难发现，这个时期的婴儿已经有了深度知觉，至少在第一年的最后 4 个月起就成为他的能力之一。后来的研究者索兹（Campos，1978）通过对婴儿在视崖前心率的监测，得出他们能从知觉上区分深度的结论。还有研究（Bertenthal & Kermoian，1992）结论指出，深度知觉的能力可能出现在最早的那几个月中，但是对深度的害怕要到第一年的后半期才开始出现。

任务四　感知觉的运用——如何重点培养学前儿童的观察力

在幼儿园里，两个中班的老师都在领着孩子在户外观察鲜艳的花朵。A 班的老师什么也没说只是让孩子们自由活动，孩子一窝蜂散开漫无目的地看来看去，很快被别的游戏吸引去了。而 B 班的老师则提前引导孩子利用各种感官从颜色、大小、香味、叶片等各个方面认真观察，孩子们在花丛前你一言我一语互相提醒，老师在一旁及时地进行评价和总结。

想一想

结合以下资料和所见所闻，分析哪个老师做得比较好？为什么？

资料卡一：何为观察？

观察是一种独立、有计划、有目的、有组织、比较持久的高级知觉过程，它是人类学习知识、认识世界的重要途径。巴甫洛夫就一直把"观察，观察，再观察"作为座右铭。

观察力就是分辨事物细节的能力，是智力结构的组成部分，是经过系统的训练，逐渐培养起来的。观察力对于人们认识世界和进行实践有着重要的作用，达尔文在总结自己的成就时曾说："我既没有突出的理解力，也没有过人的机智，只是在观察那些稍纵即逝的事物，在对其进行精确地观察的能力上，我可能在众人之上。"

幼儿观察力的发展对幼儿认识客观世界尤为重要。幼儿学习直接的感性知识需要从观察开始，即使是间接地从书本上获得知识，也离不开眼睛、耳朵等感觉器官的观察活动。许多孩子学习成绩较差的一个重要原因就是观察力较差，从而导致思考能力和判断能力较低。因此，让孩子具备良好的观察力是极其重要的。

资料卡二：学前幼儿观察力的发展特点

3岁前的幼儿缺乏观察力，他们的知觉主要是被动的，是由外界刺激物特点引起的，且他们对物体的知觉往往是和摆弄物体的动作结合在一起的。幼儿期是观察力初步形成时期，其观察的目的性、持续性、细致性和概括性都在逐渐完善，需要教育工作者指导训练和培养。

观察的目的性	幼儿初期不善于自觉地、有目的地观察，不能接受观察任务，往往东张西望或只看一处或任意乱指，容易受外界干扰离开目的。 幼儿中晚期观察的目的性增强，能根据任务有目的地观察，能够开始排除一些干扰，根据活动或成人要求进行观察
观察的持续性	幼儿初期观察持续的时间很短，随着年龄的增长而延长，3、4岁的幼儿观察持续的平均时间为6分8秒，5岁的幼儿平均时间为7分6秒，从6岁开始幼儿观察的时间显著增加到12分3秒
观察的细致性	幼儿初期观察的细致性较差，只能观察到事物粗略的轮廓和面积大、突出的特征。中晚期逐渐细致，能从事物的一些属性来观察，如大小、形状、颜色、数量、空间关系等方面，不再遗漏主要部分
观察的概括性	幼儿初期在观察中得到的是零散、孤立的现象，这些不系统的信息使幼儿无法知觉到事物的本质特征。中晚期能够有顺序地进行观察，从而获得对事物各个部分及各部分之间关系的比较完整、系统的印象，比较顺利地概括出本质特征

从各班幼儿观察力发展的特点来分析，在情景呈现中，B班老师能结合中班幼儿的特点，有针对性地进行引导，在观察的目的性、持续性、细致性和概括性等方面做得更好一些，效果也会更好，比较有利于幼儿观察力的培养。而A班老师随意性太强，结果很容易导致孩子们目的性不强并被其他因素干扰，达不到教学目的，孩子收获较少，效果不好。

如何培养学前儿童的观察力

1. 明确观察的目的和任务

例如，在幼儿观察一棵树之前，先向他们说明："今天我们观察苹果树，要仔细看树干是什么样子，什么颜色，从哪里开始分叉的；花朵是什么样子的，有几个花瓣……"这样幼儿就有了清楚的理解和具体的目的性。

2. 激发观察的兴趣

可以用儿歌、故事或者图片、范例等各种方式引起幼儿对观察活动的兴趣。例如，在让小班幼儿观察小兔子之前，可以边跳舞、边唱儿歌《小白兔》引起对小兔子的兴趣，在观察的时候可以引起幼儿对兔子外部特征和动作的兴趣。

3. 教给幼儿观察的方法

方法是影响效果的重要因素，很多幼儿就是方法不得当而收获不多。我们可以帮助幼儿学会先中心后四周、由上而下、从头到尾，先整体再局部或先局部后整体，让他们慢慢学会分析与综合的观察方法。

引导幼儿观察一个建筑物时可以灵活利用多种观察方法，可以先从整体上看什么样，然后观察局部的屋顶、墙壁、门窗；也可以从外到内观察，外部什么样，内部有什么摆设和物品等；在观察内容物品时，具体又可以按从上到下或从左到右的顺序来观察。

4. 运用多种感官观察

观察过程中，尽可能多地引导幼儿眼、耳、鼻、舌、手等感官都参与进来。

例如，让幼儿认识一种新水果"莲雾"时可以让他们用眼看、手摸、嘴尝、鼻闻的不同方法，让他们把自己得到的感受用语言说出来，用画笔画出来等加深对水果的认知。从而知道莲雾的果实顶端扁平，下垂状，表面有蜡质的光泽；果肉呈海绵质，略有苹果香味；果色鲜艳，有的呈青绿色，有的呈粉红色，还有的呈大红色。

结合所学知识和实际生活谈谈如何保护和发展幼儿的视觉和听觉？

第二单元 学前儿童记忆与想象

学习目标 ◀

1.理解记忆的含义、种类及特点。
2.掌握学前儿童记忆发生与发展的特点。
3.学会提高学前儿童记忆力的策略。
4.理解想象的概念。
5.了解想象的种类、构成方式及无意想象的特点。
6.掌握幼儿想象的特点及幼儿想象的培养方法。

第一节　学前儿童的记忆

分组进行记忆方面的小游戏或比赛，讨论分享增进记忆力的技能技巧。

任务一　掌握记忆的基本常识及其意义

电视节目中，四岁的学智小朋友跟着音乐跳起了广场舞，姿势有模有样，节奏一板一眼，表情丰富有趣，观众们被他可爱又精湛的表演震惊了，有些人表示自己学了好几个月也记不住这些动作。据报道，小学智一岁的时候就已对广场舞感兴趣，跟着大人一起学，后被舞蹈培训班破格录取，并在两岁多的时候考取了舞蹈二级，参加过很多表演类的节目。

想一想

结合所见所闻和以下资料分析：除了天赋和兴趣，小学智到底什么能力比较强？

资料卡一：记忆是怎样产生的？

记忆的概念：记忆是人脑对过去经验的反映。"经验"可以是感知过的事物，也可以是思考过的问题、体验过的情绪或练习过的动作。

记忆的过程：记忆一词，从字面看先有"记"再有"忆"，包括识记、保持、回忆（再现）和再认三个环节。识记和保持是前提，再现和再认是结果与验证。

1. 识记

识记就是记，是信息的编码与输入过程，是记忆的首要环节，是记忆的基础，有效的识记可以提高记忆的效果。各种识记在学习中都具有一定的作用，识记有以下不同的类型。

（1）根据目的性分类

根据识记的目的性，可将其分为无意识记和有意识记。

无意识记是无目的、不自觉的识记。例如，幼儿对电视上朗朗上口的广告词、动画人物的经典台词等不用费劲就可以很快记住，属于无意识记。

有意识记则是需要有目的、自觉的识记，是主动自觉进行的，需要意志努力。一般来说，经过努力获得的有意识记效果比无意识记要好。例如，幼儿为了得到家长或老师的表扬而努力背诵一首长长的儿歌或诗歌，就属于有意识记。

（2）根据是否建立在对内容的理解基础上分类

根据识记是否建立在对内容的理解基础上，可以将其分为机械识记和意义识记。

机械识记的主要特征是不需要理解学习材料的意义而单纯依靠对材料的重复，不需要或很少利用过去的知识经验，也不要求采取多种多样有效的识记方法。它的基本条件是复习。对于缺乏意义的学习教材，如历史年代、任务名称、元素符号、外语单词等，机械识记是必要的。

意义识记的主要特征是需要理解教材的意义，需要利用过去的知识经验，需要采取多种多样有效的识记方法。在学习中，大多数教材都包含有一定意义，如科学的定义、定理、规律和法则，需要运用已有的知识经验去理解，才能记住它的主要精神和基本内容。

2. 保持

保持就是信息的储存，简单来说就像是到银行里存款，把信息经过处理和加工存进大脑中。

3. 回忆（再认和再现）

回忆是恢复过去经验的过程，是信息的提取和输出，就像把银行里的存款提取出来。回忆有再认和再现两种水平。

对曾经感知过的事物再度感知的时候，觉得熟悉，认得它是从前感知过的，叫做再认。再认一直被实验心理学家用来测验人类记忆的效果。实验通常是这样做的：先让被试者学习一张词表，学完后让他看另一张词表，其中有的词是学过的，有的词则是新词，让他指出哪些词是学过的，哪些是新的，由此就可测出他再认的成绩。

再现是指把过去曾经经历而当前并非作用于我们的事物，在头脑中将其映象自行呈现出来的记忆过程。也就是在某种有关信号刺激下，引起头脑中形成的相关暂时神经联系的兴奋，从而表现为某种知识经验的恢复和提取的心理过程。回忆比再认更困难些，一般来说，能回忆的就能再认，能再认的不一定能回忆。

我们能认出多年不见的同学，能认出多年前学过的课文等，都是再认的表现。考试时选择题、判断题都是通过再认来回答的。背诵以前所学的课文就是再现。考试时填空、问答题都是通过再现来完成的。

没有识记就谈不上保持，不经历识记和保持，回忆就无法实现。识记和保持是回忆的前提，回忆则是识记和保持结果的表现和加强。

资料卡二：记忆对我们人类有什么意义？

首先，记忆是整个心理活动的必要条件。一切智慧的根源都在于记忆，人所感知过的材料通过记忆才能保持下来。如果没有记忆，一切心理活动都不会发展。

其次，记忆是积累知识、丰富经验的基本手段。事业有成者、智力超常者都必须具有很好的记忆力。亚里士多德说过："记忆力是智力的拐杖，记忆力是智慧之母。"

过目成诵

《三国演义》第六十回讲了这样一个故事：张松去许都求见曹操，曹操见张松矮小，相貌又丑，便有意冷落他，边洗脚，边接见，使张松憋了一肚子气。次日，曹操掌库主簿杨修拿出曹操新著兵书《孟德新书》给张松看，意欲显示曹操的才华。张松看了一遍便记了下来，故意笑着说："此书吾蜀中三尺小童，亦能暗诵，何为新书？此是战国无名氏所作。"杨修不信，张松说："如不信，我试诵之。"于是将《孟德新书》从头至尾朗诵了一遍，并且没有一字差错。杨修大惊，就去告知曹操，曹操奇怪地说："莫非古人和我想的都一样？"他认为自己的书没有新意，就让人把那本书给烧了。其实曹操上了张松的大当：张松用他惊人的记忆力，把整部《孟德新书》硬是背了下来。

情景呈现中的小学智能在跳广场舞方面有突出的表现，除了天赋、兴趣和努力学习外，还得益于他有异于常人的记忆力，对音乐节奏和舞蹈动作等方面都有很强的记忆力，好的记忆力帮助他在舞蹈表现上有了如此好的成绩。

记忆的种类

根据记忆的内容，可以把记忆分成以下四种：

1. 形象记忆

以感知过的事物形象为内容的记忆叫形象记忆。这些具体形象可以是视觉的，也可以是听觉的、嗅觉的、触觉的或味觉的形象。如幼儿去天安门游览回来用图画来描绘天安门的样子就是形象记忆。这类记忆的显著特点是保存事物的感性特征，具有典型的直观性。

数字	形象	数字	形象
1	树	6	手枪
2	鸭子	7	拐杖
3	耳朵	8	眼镜
4	三角旗	9	气球
5	钩子	10	球棒和棒球

2. 情绪记忆

情绪记忆是以过去体验过的情绪或情感为内容的记忆。如学生对接到大学录取通知书时的愉快心情的记忆等。人们在认识事物或与人交往的过程中，总会带有一定的情绪色彩或情感内容，这些情绪或情感也作为记忆的内容而被存贮进大脑，成为人的心理内容的一部分。情绪记忆往往是一次形成而经久不忘的，对人的行为具有较大的影响作用。如教师对某个学生的第一印象会在很大程度上影响对该生的态度、行为，就是因为这一印象是与情绪相连的。情绪记忆的印象有时比其他形式的记忆印象更持久，即使人们对引起某种情绪体验的事实早已忘记，但情绪体验仍然保持着。

3. 语词 – 逻辑记忆

语词 – 逻辑记忆是以思想、概念或命题等形式为内容的记忆。如对数学定理、公式、哲学命题等内容的记忆。这类记忆是以抽象逻辑思维为基础的，具有概括性、理解性和逻辑性等特点。

4. 动作记忆（运动记忆）

动作记忆，也称运动记忆，是以人们过去的操作性行为为内容的记忆。凡是人们头脑里所保持

的做过的动作及动作模式，都属于动作记忆。如上体育课时的体操动作、武术套路，上实验课时的操作过程等都会在头脑中留下一定的痕迹。这类记忆对于人们动作的连贯性、精确性等具有重要意义，是动作技能形成的基础。

以上四种记忆形式既有区别，又紧密联系在一起。如动作记忆中具有鲜明的形象性；逻辑记忆如果没有情绪记忆，其记忆内容是很难长久保持的。

按保存时间的长短，记忆可以分为以下三种：

1. 瞬时记忆

瞬时记忆又叫感觉记忆，这种记忆是指作用于人们的刺激停止后，刺激信息在感觉通道内的短暂保留。信息的保存时间很短，一般在 0.25 ~ 2 秒之间，如视后象就是瞬时记忆。瞬时记忆的内容只有经过注意才能被意识到，进入短时记忆。

凝视此花朵两分钟后看白纸，你看到了什么？你看到的就是这朵花的视后象，颜色总是与原来的相反。

2. 短时记忆

短时记忆是保持时间大约在 1 分钟之内的记忆。电话接线员对用户号码的记忆就是短时记忆，接完线后一般不再把号码保留在脑子里。

3. 长时记忆

长时记忆指信息经过充分、有一定深度的加工后，在头脑中长时间保留下来的记忆。从时间上看，凡是在头脑中保留时间超过 1 分钟的记忆都是长时记忆。长时记忆的容量很大，所存贮的信息也都经过意义编码。我们平时常说的记忆好坏，主要是指长时记忆。

瞬时记忆、短时记忆和长时记忆虽各自有对信息加工的特点，但从时间衔接上看是连续的，关系也是很密切的。

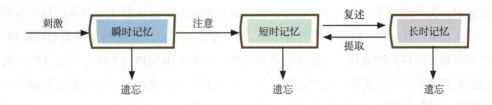

任务二 学会判断一个人的记忆品质

某幼儿园要组织教师专业知识素质大赛，主要是理论方面的考查，时间紧、内容多，老师们工作之余都在紧张地诵记，只有小张不紧不忙，似乎有过目不忘的本事，结果考试成绩确实不错。大家一致认为小张记忆水平高，并让她给大家传授秘诀。

想一想

运用有关资料和现实生活经验分析小张的记忆水平好在什么地方？

知识锦囊

资料卡：记忆的品质

1. 记忆的敏捷性——过目不忘

记忆的敏捷性是指一个人在识记事物时的速度方面的特征。能够在较短的时间内记住较多的东西，就是记忆敏捷性良好的表现。记忆的这一品质，与人的暂时神经联系形成的速度有关：暂时联系形成得快，记忆就敏捷；暂时联系形成得慢，记忆就迟钝。在敏捷性方面，有的人可以过目不忘，有的人则久难成诵。但不同的人识记事物的特点不同，有的人记得快，忘得也快；而有的人记得慢，忘得也慢。记忆的敏捷性是记忆的品质之一，但它不是衡量一个人记忆好坏的唯一标准。

2. 记忆的持久性——久久不忘

记忆的持久性是指记忆内容在记忆系统中保持时间长短方面的特征。能够把知识经验长时间地保留在头脑中，甚至终身不忘，这就是记忆持久性良好的表现。记忆的这一品质，与人的暂时神经联系的牢固性有关：暂时神经联系形成得越牢固，则记忆得越长久；暂时神经联系形成得越不牢固，则记忆得越短暂。在持久性方面，有的人能把识记的东西长久地保持在头脑中，而有的人则会很快地把识记的东西遗忘。一般来讲，记忆的敏捷性与记忆的持久性之间有正比关系，记得快的人，保持的时间较长。但也不尽然，有的人记得快，但保持的时间短。

3. 记忆的准确性——满分状元

记忆的准确性是指对记忆内容的识记、保持和提取时是否精确的特征。它是指记忆提取的内容与事物的本来面目相一致的程度。记忆的这一品质，与人的暂时神经联系的正确性有关：暂时神经联系越正确，记忆的准确性就越好；暂时神经联系越不正确，记忆准确性就越差。准确性是记忆的重要品质，如果离开了准确性，敏捷性、持久性就失去了意义。

4. 记忆的准备性——思如泉涌

记忆的准备性是指能否迅速地提取保持在头脑中的经验知识的能力。迅速地提取记忆的有关材料，在人类各种活动中有重要的意义，尤其是对于军人、律师、教师等更为重要。教师对于学生的提问，应随时根据自己的学识作出解答。记忆的准备性取决于以下两个条件：①能否熟练地掌握追忆的技能；②知识是否系统化。

我们可以从以上四个方面来判断一个人记忆水平的高低，简言之就是记得快、记得久、记得对、容易提取。情景呈现中的小张在这次准备时间短促的考试中表现出了记忆的快捷性、正确性和准备性等好品质，所以他是记忆力很强的人。

我们为什么会遗忘

遗忘是对识记过的材料不能再认与回忆，或者错误的再认与回忆。遗忘分为暂时性遗忘和永久性遗忘，前者是指在适宜条件下还可能恢复记忆的遗忘，后者是指不经重新学习就不可能恢复记忆的遗忘。此外，遗忘还有一种分类，为选择性遗忘。

影响遗忘的因素有：

（1）识记材料的性质、数量和意义。

（2）学习的程度。过度学习的效果优于适度学习、低度学习的效果。过度学习达150%保持的效果最佳。

（3）识记材料的系列位置。一般来说，识记材料的首尾容易记住，不易遗忘，而中间部分则容易遗忘。

艾宾浩斯遗忘曲线

德国心理学家艾宾浩斯（Hermann Ebbinghaus）对遗忘现象做了系统的研究，他用无意义的音节作为记忆的材料，把实验数据绘制成一条曲线，称为艾宾浩斯遗忘曲线，也称艾宾浩斯保持曲线。

这条曲线的纵坐标代表保持量。曲线表明了遗忘发展的一条规律：遗忘进程是不均衡的，在识记的最初遗忘很快，以后逐渐缓慢，到了相当的时间，几乎就不再遗忘了，也就是遗忘的发展

是"先快后慢"。

遗忘的进程不仅受时间因素的制约，也受其他因素的制约。学生最先遗忘的是没有重要意义的、不感兴趣、不需要的材料。不熟悉的比熟悉的遗忘得要早。

人们对无意义的音节遗忘速度快于对散文的遗忘，而对散文的遗忘速度又快于对韵律诗的遗忘。

在学习过程中，对一种材料达到一次完全正确地背诵后仍然继续学习，叫过度学习。适当的过度学习可以使学习的材料保持得更好。研究结果表明，适当限度的过度学习比刚能背诵的效果好，但如果超过这个限度，其保持效果不再增加。如学习四遍后恰能背诵，则再学习两遍效果最好；但再学习效果则适得其反，会对人的身心造成危害。

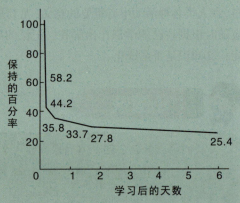

一般记住后，在 5 分钟后重复一遍，20 分钟后再重复一遍，1 小时后、12 小时后、1 天后、2 天后、5 天后、8 天后、14 天后各重复一遍，就会记得很牢。

记忆与遗忘

任务三　如何培养幼儿良好的记忆力

情景呈现

小区里几个小朋友的妈妈在聊天，有位妈妈说她家的宝贝上小班了，平时家长和老师花费很大的力气教其背诵一首歌谣，仍然记不住，但孩子在看电视上各种儿童产品的广告时，只需一两次就能对广告词熟记于心。还有位妈妈说她家的宝贝有时候好不容易记住一首诗了，第二天再问就什么也不记得了。

有位妈妈得意地说自己的宝宝三岁前就会背诵几十首唐诗和儿歌了；还有的妈妈担心地说自己的孩子三岁了还记不住 1 ~ 10 的顺序呢。每个妈妈都有自己的得意和烦恼。

想一想

　　结合实际和以下资料分析小孩子的记忆到底是怎么回事。是不是会背唐诗、儿歌的就是智力超常的孩子呢？孩子们出现以上记忆问题的原因是什么？

资料卡一：学前儿童记忆发生与发展的特点

1. 记忆具有顺序性

　　由研究者表示，不同的记忆在个体发生的时间不同，它们的出现有一定的时间顺序。如，运动记忆在出生1个月内就产生了，然后在6个月左右出现了情绪记忆，6～12个月时形象记忆出现，语言逻辑记忆在1周岁以后出现。3岁前儿童有了"客体永久性"观念，也出现了延迟模仿行为，这都是儿童记忆发展的表现。延迟模仿是皮亚杰关于表征发展的观点中所提到的，是指对一段时间之前出现的他人行为进行模仿。要想完成延迟模仿，个体必须形成对动作的心理表征进行储存，以便在一段时间后可以提取出来并将其再现。皮亚杰还发现，延迟模仿第一次出现的时间也是在大约1岁半的时候。

2. 容易记、容易忘

　　幼儿的记忆与高级神经活动的特点关系密切，因为大脑发展还不够成熟，大脑皮质中与记忆有关的神经联系有很大的可塑性，只要多加重复，很快就能记住新的材料，尤其是他们感兴趣的材料；但是因为神经联系还不稳定，他们也容易忘记，只要不及时复习很快就会忘记。

3. 记忆带有很大的无意性

　　无意记忆是指没有预定的目的，不需任何意志努力的识记，所谓的潜移默化就是这个意思。与之相对应的是有意识记，是指按一定目的、任务和需要采取积极的思维活动和意志努力的识记。人们获得系统的知识技能主要靠有意识记。但学前儿童在记忆过程中还不善于有意识地完成任务，往往形象生动、具体直观、鲜艳的事物和能满足他们个体需要的、能激起强烈情绪体验的事物更容易被他们记住。

4. 以形象记忆为主

　　幼儿期各种记忆都在发展，但相对而言，形象记忆占主要地位，幼儿对直观材料的记忆要比语言材料容易。在语言类的材料中，形象化的描述比抽象的概念或逻辑推理更容易记忆。随着年龄的增长和认知的成熟，语词记忆的发展速度会大于形象记忆，但是在整个幼儿期，形象记忆远远高于语词记忆的效果。

5. 机械识记和意义识记

幼儿年龄小，知识经验少，对事物的认知也仅仅停留在外部特征和表面联系，所以主要靠机械重复、生硬模仿来进行记忆，所以我们经常看到幼儿虽然不懂含意但仍能熟练背诵很长且很复杂的诗歌。但这并不是说幼儿没有意义记忆，研究表明幼儿中期机械记忆和意义记忆都随着年龄的增长而提高，而且意义记忆的效果比机械记忆的效果更好。

6. 记忆不精确

幼儿期的记忆准确性较差，在回忆时经常会遗漏记忆材料或者张冠李戴。比如，我们经常听到幼儿背诵时把两首诗混淆或者漏掉某一句，把李白的诗说成是杜甫的诗。随着年龄增长和教育者的正确引导，记忆的准确性会慢慢提高。

资料卡二：幼儿记忆发展中易出现的问题

1. 有意性差，影响记忆效果

整个幼儿期记忆的有意性较差，影响了记忆的效果。在具体的记忆活动中，家长和教师要利用这一点增强环境潜移默化的影响，还要合理适度地对幼儿提出记忆任务，有意识地培养幼儿的有意识记，以增强记忆效果。

例如，吃饭的时候让小朋友数有多少个碗、多少双筷子，让其分发餐具等，这类活动可以增强幼儿对数的理解和记忆。

2. 不会运用适当的记忆方法

幼儿经验少，对事物理解不足，不擅长利用事物之间的联系，所以也不会运用各种各样的记忆方法，比如复述、联想、分类、对比等各种记忆方法。但是随着年龄的增长和经验的丰富以及教育者的引导，他们会运用各种记忆策略和技巧来提高记忆效果。

3. 偶发记忆

偶发记忆是指当要求幼儿记住某样东西时，他往往记住的是和这件东西一起出现的其他东西。例如，当老师要求幼儿说出出示的卡片上有几只鸽子时，幼儿回答鸽子是白色的。这往往是因为幼儿对问题选择的注意力和目的性不明确，记住了不必要的偶发因素。

4. 记忆中的"说谎"现象

幼儿的记忆存在正确性差的特点，容易受暗示，把现实与想象混淆，用自己虚构的内容来补充记忆中的残缺部分，常常被大人误认为幼儿在说谎。例如，有的小朋友说他见过一只"牛一样大的猫猫"。大人会以为孩子在瞎说，其实是幼儿记忆与想象混淆了，也可能是孩子无意识地夸张事实。

教师和家长应正确对待这种现象，这是由于记忆失实而出现的言语描述与实际情况不符，是幼儿心理不成熟的表现，教育者要耐心帮助幼儿把事实弄清楚，把记忆材料与想象成分区分开。

　　从以上资料可以知道幼儿有以上的记忆结果是很正常的，年龄小的孩子以无意记忆和机械记忆为主，并不太懂诗歌和儿歌本身的意义，今天记住、明天遗忘也是正常；会背诗歌也并不表示以后就一定智力超群，不会背诵也不代表智力低下。家长要端正态度，不要急于求成，也不要轻易武断地判定孩子智商的高低，在教育中可结合一些好的方法来增强幼儿兴趣，引导幼儿记忆。

发展学前儿童的记忆力的策略

1. 注意培养幼儿学习的兴趣和信心，提高记忆效果

　　"哪里没有兴趣，哪里就没有记忆。"歌德的话很好地解释了幼儿学习的一个记忆特点。所以教育者应该首先激起幼儿对要记忆事物的兴趣，这就需要教育者想方设法借助各种手段和技巧。利用游戏可以让孩子无意间记住不少东西，可以训练幼儿记忆力的游戏有很多，如说歌谣、讲故事、猜谜语、唱儿歌等。

幼儿记忆策略

　　例如，妈妈和宝宝玩打电话游戏，妈妈伸出大拇指和小指凑到耳边模仿打电话，问宝宝："喂，你是谁？""你家住哪里？""你爸爸叫什么名字？""他在哪儿上班？"……要求宝宝一一回答。

2. 教学内容具体生动，富有感情色彩，培养发展幼儿的形象记忆和情绪记忆

　　在幼儿园里，教师要努力为幼儿创设具体生动的环境，提供丰富多彩的材料和玩具，运用有趣、绘声绘色的语言，让幼儿在多种多样的游戏操作活动和人际交往活动中丰富经验，加深对事物的认识，引起幼儿的情感共鸣，丰富他们的形象记忆和情绪记忆。

3. 帮助幼儿提高认识能力，提高意义识记水平

　　虽然幼儿期以机械记忆为主，但是我们也应该充分培养其意义识记能力，因为对记忆材料理解越深刻记忆效果就越好。在教学活动中，教师应该尽量帮助幼儿理解、识记材料，还要指导幼儿积极思考，抓住事物之间的联系，在理解的基础上识记。

　　例如，在教幼儿背诵古诗《咏鹅》时，可以先把诗句用生动的语言描绘成美丽的图画，或借助多媒体手段展示情景加深对诗句的理解。这样幼儿结合生活经验，很快就能背诵出来。

4. 引导幼儿掌握记忆策略，合理组织复习

　　对于幼儿不能急于求成，多发现幼儿记忆的闪光点，正面评价他们的记忆成绩。对于掌握不好的地方可以有意识地培养一些简单有效的记忆策略和方法，如复述，在不断地重复中幼儿对事物的认识更加清晰，他们的运动记忆、语言记忆、情绪记忆、形象记忆等都可以得到锻炼和提高。

　　教育者还可以帮助幼儿对记忆材料进行合理地组织，组织对长时记忆的作用尤其明显。利用儿歌或游戏来记忆也是一个不错的途径。

五指歌

用《五指歌》教小班幼儿掌握简单的数字，开头与结尾都是 12345。

一二三四五，上山打老虎。老虎没打到，见到小松鼠。

松鼠有几只？让我数一数。数来又数去，一二三四五。

利用多种感官记忆，这种记忆思路需要家长们从小培养孩子，记忆时将眼、耳、口、鼻、舌统统用上。科学实验数据表明，单听觉记忆效果为 60%，单视觉记忆效果为 70%，而视、听觉和语言活动协同进行，记忆效果为 86.3%。因此，调动各个感官的能量发挥记忆的功效，是提高孩子记忆力的最高级方法。要想提高孩子记忆力，就要锻炼多种感官，必要时才能运用多种感官的力量发挥记忆的功效。

超级音乐记忆法

在保加利亚、俄罗斯、美国、法国、加拿大等国家，都有以音乐帮助记忆的"超级音乐记忆法"。保加利亚的拉扎诺夫博士，以医学和心理学为依据，对一些乐曲进行了研究，发现巴赫、亨德尔等人的作品中的慢板乐章，能够消除大脑的紧张，使人进入冥想状态。他让学生们听着节奏缓慢的音乐，并且放松全身的肌肉，合着音乐的节拍读出需要记忆的材料。学习结束之后，再播放 2 分钟欢快的音乐，让大脑从记忆活动中恢复过来。很多试验过这种方法的学生都觉得记忆效果很好。以后，保加利亚教育部集中三十多位专家建立了拉扎诺夫学院，继续研究这种学习方法，并不断完善改进。用这种方法学习的学生，能够在四个月之内完成一般学生两年才能学完的课程。1977 年，拉扎诺夫来到美国，传授了这种方法。在加利福尼亚、艾奥瓦、华盛顿等地的实验表明，用这样的方法学习效率能提高 7 倍，因此就称它为"超级记忆法"。

小试牛刀

1.很多家长和老师对幼儿背诵和复述任务不满意，往往用"罚做"或"罚背"的办法来惩罚幼儿，你有什么看法？通过你学过的知识分析对于学前儿童学习中的遗忘现象，作为教育者应该怎么办？

2.影视剧和文学作品中经常有因重大车祸或剧烈刺激引起的失忆，你知道这种失忆是怎么回事吗？

第二节　学前儿童的想象

请同学们深入幼儿园收集小朋友的绘画、手工等作品，分析幼儿想象的特点。

任务一　掌握学前儿童想象的特点

在娃娃家活动中，几位小朋友本来在"做饭"，突然，小强不小心"伤"到了手，小丽赶快跑上前去关心地问道："小强，你没事吧，让我看看你的伤口，我是医生……"小强把自己"受伤"的手伸向小丽，并说道："好疼啊，快帮我治治。"这时候其他小朋友也纷纷跑上前去，一起玩起了"医生和病人"的游戏。有的小朋友拿毛巾，有的小朋友拿来听诊器，准备着给小强治疗。

想一想

小朋友们不是在"做饭"吗？为什么后来又玩起了"医生和病人"的游戏？

知识锦囊

资料卡一：你知道什么是想象吗？

想象是人对头脑中已有表象进行加工改造，创造出新形象的心理过程。表象就是通过感知觉获得，并保存在大脑中的事物的形象。

小事例

《西游记》中孙悟空的形象就是作者通过对头脑中已有猴子的表象进行加工改造，创造出的新形象。

情景呈现中的小朋友在娃娃家活动中用到想象了吗？

资料卡二：你知道想象是怎么分类的吗？

根据想象的目的性和自觉性，可把想象分为有意想象和无意想象。

想象

有意想象又称随意想象，是指根据预定目的，在一定意志努力下自觉进行的想象

小事例：
幼儿在老师要求下，设计出未来的交通工具的过程

无意想象又称不随意想象，是指没有预定目的，在一定刺激的影响下，不由自主地进行的想象。

小事例：
当人们看到天上的云时，会把它想象成一匹马、一辆坦克或其他物体

根据有意想象内容的新颖性、独特性和创造性的不同，可把想象分为再造想象和创造想象。

想象

再造想象是根据别人的言语描述或图形符号的示意而形成相应新形象的过程

小事例：
教师给幼儿讲《白雪公主和七个小矮人》的故事时，幼儿的头脑中会"再造出"白雪公主和小矮人的形象

创造想象是指根据一定的目的和任务，不依赖现存的描述而独立创造出新形象的过程

小事例：
作家在头脑中塑造新的人物形象，创造想象具有独立性、首创性和新颖性。

你认为情景呈现中的小朋友主要是运用了哪种想象？这种想象有哪些特点呢？

资料卡三：你知道幼儿想象的特点吗？

1. 幼儿以无意想象为主，有意想象开始发展

不同年龄段儿童想象的特点

在幼儿的想象中，无意想象占主要地位。在教育的影响下幼儿的有意想象开始发展。中班以后，幼儿的想象已具有一定的有意性和目的性。大班以后，有意想象逐渐发展起来。幼儿想象的无意性主要表现为：

（1）幼儿想象无预定目的，主题不稳定，由外界刺激直接引起。

小事例

　　三岁左右的小男孩儿看见小木棍，就会把它当枪玩，看见小凳子，就会当马骑；在娃娃家活动中，一位小女孩儿正在扮演"服务员"，忽然看到旁边的娃娃，就又当起来了妈妈。

（2）幼儿想象的内容零散、无系统。

小事例

　　在幼儿的绘画活动中，常常发现他们会把自己感兴趣的事物都画下来，如一位幼儿的画上有房子、飞机、雪花、枪、花、树等，这显然是一串无系统自由联想，不考虑时间、空间、地点、环境等现实因素。如果他高兴，甚至可以把这些不相干的事物编出一个故事讲给你听。

（3）幼儿以想象的过程为满足。

小事例

　　我们常常发现幼儿画画时，会在一张纸上一直画，画了一样事物又画另一样，直到把画面画满为止，口中还念念有词，并为此而感到非常满足。

（4）幼儿的想象受情绪和兴趣的影响。

小事例

　　"老鹰抓小鸡"的游戏，本以小鸡被老鹰捉住而告终，可孩子们同情小鸡，又产生这样的想象：让小鸡爸爸和妈妈赶来，救回了小鸡。另外，兴趣也影响孩子的想象。幼儿感兴趣的游戏和学习，他会长时间去想象，专注于这个活动；而不感兴趣的活动，则缺乏想象，往往是消极应对或远离这项活动。

2. 幼儿以再造想象为主，创造想象开始发展

整个幼儿期，幼儿是以再造想象为主的，表现为想象在很大程度上具有复制性和模仿性。幼儿到了中、大班以后，再造想象中开始出现创造的成分。

3. 幼儿想象有时和现实混淆

（1）幼儿常常把自己渴望得到的东西说成已经得到。

有的幼儿看到别人有漂亮的娃娃或玩具，他会说："我家也有。"可事实却不是如此。

（2）幼儿常常把希望发生的事情当成已经发生的事情来描述。

一位小朋友一直很想去海底世界，但是由于父母忙于工作，没有时间带他去。过了两天，该幼儿告诉其他小朋友："上周末妈妈带我去海底世界了。"实际上并没有这么一回事。

（3）在参加游戏或欣赏文学作品时，往往身临其境、信以为真，把自己当作游戏中的角色，产生同样的情感反应。

小班幼儿在玩游戏时，经常会被游戏中的"坏人"吓得号啕大哭。

4. 幼儿想象具有夸张性

幼儿在想象中常常把事物的某个部分或某一特征加以夸大。例如，幼儿会把爸爸的手画得特别大，胳膊画得特别长。幼儿说话也喜欢夸张，例如，幼儿会说："我家的花开得可大了，像房子一样大。"

情景呈现中的小朋友表现出哪些幼儿想象的特点？

 小提示

情景呈现中的小朋友们从原本的"做饭"主题活动到"医生救人"主题活动的转换，主要是因为小强的"受伤"引发了小朋友们的无意想象。幼儿初期的孩子，想象的主题不稳定，想象很难按照一定的目的坚持下去，容易从一个主题转换到另一个主题；此外，想象进行的过程容易受外界刺激的直接影响，想象的方向也随外界刺激的变化而变化，而小强的"受伤"使小朋友们想象的方向发生变化；同时，小强的"受伤"引起了小朋友的同情心，想要帮助小强治疗伤口。所以，后来孩子们玩起了医生治病的游戏。

任务二　正确对待幼儿天马行空的想象

　　情景 1：一次，我让幼儿画一幅命题画《未来的车》，当听到了这个题目后，多数孩子坐在那里不画，只有个别孩子画了出来，但是他们的作品没有一点创意，见此情景，我的心中有种说不出的感觉。

　　情景 2：一个春天的早晨，小王老师带幼儿们走出教室，来到了野外。这时孩子们很兴奋，一会儿看看美丽的花朵，一会儿摸摸大树，一会儿又观察小动物等。幼儿们在野外有很多的发现，有的幼儿发现小花开了，小草钻出了地面，柳树的柳条抽出了小嫩芽变绿了……有的幼儿指着花喊："老师，好漂亮的迎春花。"还有的幼儿指着天空大声喊："天空那么蓝，天上的白云像是老爷爷放的绵羊。""我也看到了，白云好像我们吃的棉花糖。"另一个幼儿也跟着叫了起来。甚至有的幼儿问："天空为什么是蓝色的呢？"

想一想

　　1. 作为一名幼儿教师，我们在对孩子进行启蒙教育的时候，除了知识技能外，还有什么是更为重要的呢？

　　2. 你如何看待情景 2 中孩子们天马行空的想象？

资料卡一：这些名言你知道吗？

1. 想象力比知识更重要。因为知识是有限的，而想象力概括着世界上的一切，推动着进步，并且是知识进化的源泉。

——爱因斯坦

2. 所谓天才人物本来就是指那些十分富于幻想的人……天才人物总是积极主动地使用幻想能力。总之，他们在思考问题时总是用幻想来开道……在幻想的遥远彼岸获得启示之后再返回到现实之中，因而思想的跨度极大。

——高桥浩

你对想象有怎样的认识？

资料卡二：你知道如何培养幼儿的想象力吗？

1. 丰富幼儿的表象，发展幼儿的语言表现力

教师应在各种活动中，有计划地采用一些直观教具，帮助幼儿积累丰富的表象，使他们更多地获得一些进行想象加工的"原材料"，为想象提供条件。此外，语言可以刺激想象的发展，教师在丰富幼儿表象的同时，也要发展幼儿的语言表达力。如在语言教育活动中，让幼儿讲故事、复述故事、创编故事；在科学活动中，让幼儿用丰富、正确、清晰、生动形象的语言来描绘事物，都是发展幼儿语言的途径。

2. 保护幼儿的好奇心，培养想象的主动性

"好奇心是创造精神的源泉，是想象和智慧的推动力"，成人应珍视、保护、激发幼儿的好奇心。幼儿喜欢向大人询问"为什么"，这实际上是想象发展的起点。成人一定要抓住这样的机会，不仅要耐心地给予合理的解释，还要学会反问幼儿："你是怎么想的呢？为什么要这么问？"尤其是要提出幼儿感兴趣的问题，促使他们主动的想象。

3. 在文学艺术等多种活动中，创造幼儿想象发展的条件

续编故事。老师将故事的前半部分讲清楚，关键处就不讲了，让孩子自己结合经验和想象往下讲，效果很好。美术活动中的主题画，要求幼儿围绕主题开展想象，而意愿画能活跃幼儿的想象力，使他们无拘无束地构思、创造出各种新形象。音乐、舞蹈是美的，幼儿可以在表演过程中，运用自己的想象去理解艺术形象，然后再创造性地表达出来。这都

是发展幼儿想象力的有效途径。

4. 在游戏中，鼓励和引导幼儿大胆想象

　　游戏是幼儿的主要活动。在游戏活动中，特别是角色游戏和造型游戏中，随着扮演的角色和游戏情节的发展变化，幼儿的想象异常活跃。如抱着娃娃时，幼儿不仅把自己想象成"妈妈"，还要想象"妈妈"怎样去爱护自己的"孩子"。于是，她一会儿喂娃娃吃饭，一会儿哄娃娃睡觉，一会儿又抱娃娃上"医院"看病、送娃娃去"托儿所"，等等。幼儿的想象力正是在这种有趣的游戏活动中逐渐发展起来的。游戏的内容越丰富，想象就越活跃。因此老师要积极引导幼儿参与各种游戏。

5. 营造宽松的心理氛围，鼓励幼儿大胆想象

　　要给幼儿以想象的自由，培养他们敢想、多想的创新精神。如老师在教幼儿画一只鸭子在水池里游泳时，有一个幼儿却画了两只鸭子在池边草地上游玩。他天真地说："一只鸭子不好玩，两只鸭子在一块儿才有劲。他们游完了，要在草地上玩游戏了。"这说明这位幼儿有创造性，应该受到称赞。成人应给幼儿想象的自由，鼓励他们想象得与众不同、别出心裁，这对于发展幼儿想象的创造性是极有益处的。

6. 抓住一日生活环节中的教育契机，引导幼儿进行想象

　　日常生活中的想象和培养，是教育活动形式的必要补充和延伸。实际上给孩子更多自由选择的想象空间，对拓展他们的想象力很有帮助，而这些就在我们生活的点点滴滴之中。因此，应该利用一切机会为幼儿创设想象的有利环境，充分利用幼儿在幼儿园的一日生活环节，全方位、多角度地为幼儿提供丰富而宽松的空间，鼓励幼儿大胆想象，从而使幼儿得到更好的发展。

　　作为幼儿教师，我们应该如何培养幼儿的想象？

时代的进步，人类的发展都离不开丰富的想象。近几年来培养幼儿的创新意识，已成为我们教育工作的主旋律。作为一名幼儿教师，我们在对孩子进行启蒙教育的时候，除了知识技能外，更重要的是激发幼儿的想象力，挖掘幼儿的创造潜能。

幼儿对大自然中的事物充满了好奇，他们会用眼睛观察、用头脑想象，会提出很多稀奇古怪的问题，这些都是幼儿的好奇心所致，这对于孩子来说都是很正常的表现。这时不要限制幼儿的想象，让幼儿把观察到的内容讲出来或者用画笔画出来，对于幼儿提出的问题不能直接否定或拒绝，应该给予鼓励和表扬，提高幼儿提问的兴趣和积极性。

幼儿想象夸张性产生的原因

1. 认知水平的限制

幼儿思维的概括性不足，因而不能恰当地把握本质特征。思维的相对性差，片面性大，因而往往走极端。在想象中往往也是过分地夸大。

2. 情绪对想象的影响

幼儿常常满足于想象的过程。由于情绪的作用，幼儿虽然知道想象与现实不符，但仍迷恋于想象的过程。

3. 幼儿想象在认知中地位的制约

幼儿想象的夸大性，反映了幼儿想象的发展水平及其在认知发展中的地位。幼儿的想象一端接近于记忆，另一端接近于创造性思维的阶段。在成人的认知活动中，想象可以作为思维的一部分，而在幼儿的认知活动中，想象与思维则有认知发展等级的区别。幼儿想象的夸张性、想象与现实混淆、想象受情绪左右等特点，都说明其想象还没有达到创造性思维的水平。

4. 想象表现能力的局限

想象总要通过一定手段来表现，幼儿想象的夸张与事实不符，往往受表现能力的局限。

续编故事

一次中班绘画活动中，小朋友们围着桌子画画，老师看了一眼琪琪的画，说："可以把你的画面画得更丰富一些。"琪琪说："那我再画一个太阳吧！"过了一会儿，老师惊讶地问："琪琪，你的太阳为什么是绿色的呢？"琪琪低着头若有所思地回答："因为太阳是生的,它还没熟呢。"琪琪旁边的一位小朋友听见了老师与琪琪的对话,说:"太阳为什么会是生的呢？"

思考：你如何看待琪琪与老师的对话？如果你是琪琪的老师，你该如何应对这种情况？请续编上面的故事，并以情景表演的形式展现你的续编内容。

第三单元 学前儿童言语和思维

学习目标 ◀

1.理解言语、语言的概念。
2.掌握婴幼儿言语的发展特点。
3.掌握培养学前儿童言语的方法。
4.理解思维的概念及特征。
5.了解思维的种类。
6.掌握学前儿童思维的发展特点。
7.掌握学前儿童良好思维能力的培养。

第一节　学前儿童的言语

前置作业

　　请每个同学练习绕口令，以小组为单位整理资料，并以电子幻灯片的形式在课堂上进行演示分享，时间控制在 5 分钟以内。

任务一　解决言语的基本概念、功用问题

情景呈现

　　大班幼儿涛涛自从听老师说要他代表自己的班在幼儿园庆祝"六一"文艺演出中讲故事后，每天一有时间就开始练习讲故事，带着表情，对着镜子，一遍一遍地练习，遇到发不准的音，就请教老师，直到发准为止。他回到家里还让妈妈一边听故事，一边给予指导。经过一段时间的努力，涛涛在"六一"文艺表演会上获得了一等奖。从此涛涛做任何事情都变得更加自信了。

想一想

　　涛涛为什么获得了一等奖？如果你是涛涛的老师，该怎么培养儿童的言语？请同学们运用信息化手段及以下资料，以小组讨论的形式完成以上任务并展示结果。

资料卡一：语言和言语一样吗？

言语是个体借助语言传递信息、进行交际的过程。例如，每个人的嗓音和独特的表达习惯（如歌唱家的沙哑声音和海豚音），不同作家具有的不同言语风格（如苏轼的豪放、李清照的婉约），都属于言语。

语言是以词为基本单位、以语法为构造规则而组成的符号系统。它的形成是一种社会现象，它在人类社会实践活动中产生，并随着人类社会的发展而发展。每个民族都有自己的语言，人们把语言作为相互交际的工具。

语言和言语的区别与联系

		语言	言语
区别	含义	交际工具，约定俗成的符号系统，社会现象	是一种过程，心理活动，心理现象
	特点	在较短的时间内认识和掌握科学知识，可以接受老一代的经验，以一定的语音和字形被人们感知	动态过程
	词性	名词	动词
	例子	汉语、英语、俄语	使用汉语
联系	是一种互相依存的关系	语言是在人的具体言语交际中形成和发展起来的；任何一种语言都只有通过人们的言语活动才能发挥交际作用。如果某种语言不再被人们用来交际，它最终将会从社会中消失	言语活动是依靠语言来进行的；个人言语活动的效能受制于他对语言掌握的程度。离开了语言就不会有言语活动了

资料卡二：言语有什么用处呢？

1. 言语的符号固着功能

言语的符号固着功能指人们言语中的每一个词都代表一定的对象。如"水果""动物"等都是某一类特定对象的称呼。

2. 言语的概括功能

任何一个词都代表着一类事物和一类现象，是具有概括性的。例如，"狗"这个词既代表李家的狗，又代表王家的狗，是一切具体狗的总称。

3. 言语的交流功能

言语是人类社会最重要的交际工具。每个社会，无论是经济发达的社会，还是经济十分落后的社会，都必须有属于自己的言语，都离不开言语这个交际工具，言语是组成社会必不可少的一个因素，是人类与动物相区别的重要特征之一。言语是联系社会成员的桥梁和纽带。没有言语，人类无法交际，人与人之间的联系就会中断，社会就会"崩溃"，不复存在。人们在言语活动中传递知识，唤起他人同样的思想和情感，也让他人感受到说话者的意图。

资料卡三：言语的分类

1. 外部言语

外部言语包括口头言语和书面言语。

（1）口头言语。口头言语是通过人的发音器官所发出的声音来表达思想和感情的言语。比如：两人或两人以上的聊天，老师的讲课、讲座、报告、演讲、辩论等。幼儿期主要发展的是口头言语。

（2）书面言语。书面言语是人借助文字来表达思想感情、传授知识经验的言语，它的形式有三种：写作、朗读、默读。

2. 内部言语

内部言语是一个人自己对自己发出声音、自己默默无声地思考问题的言语活动。比如：默默地思考问题，写文章前打腹稿等。

通过教学解决了言语的基本概念、基本知识问题，同时，也看到涛涛获奖与他的勤奋练习和教师、家长的指导密不可分。涛涛在讲故事时运用了一个个词汇，人们都理解它们所代表的事物，这是人们在长期的交往中约定俗成的、固定下来的，这是言语的符号固着功能。而任何一个词都代表着一类事物和一类现象，是具有概括性的，人借助词的帮助，才能进行抽象思维，涛涛运用了言语的概括功能。涛涛在讲故事时，用言语传递了知识，唤起了他人的思想和情感，也让他人感受到了说话者的意图，这就是言语的交流功能。

你知道吗

言语中枢是人类大脑皮质所特有的，多在左侧。临床实践证明，右利者（惯用右手的人），其言语区在大脑左侧半球；左利者，其言语中枢多数也在左侧半球，只有少数位于右侧半球。言语区所在的半球称为优势半球。儿童时期如在大脑优势半球尚未建立时，左侧大脑半球受损伤，有可能在右侧大脑半球皮质区再建立其优势，而使言语机能得到恢复。

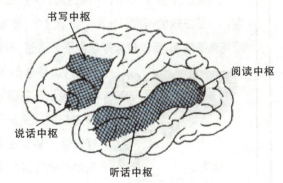

1. 运动性言语中枢（说话中枢）

说话中枢位于 44 及 45 区，紧靠中央前回下部，额下回后 1/3 处，又称 Broca 氏回，能分析综合与言语有关的肌肉性刺激。此处受损，病人与发音有关的肌肉虽未瘫痪，却丧失了说话的能力，临床上称运动性失语症。

2. 听性言语中枢（听话中枢）

听性言语中枢位于 22 区，位于颞上回后部，能调整自己的言语和理解别人的言语。此处受损，患者能讲话，但混乱而割裂；能听到别人讲话，但不能理解讲话的意思，对别人的问话常答非所问，临床上称为感觉性失语症。

3. 视运动性言语中枢（书写中枢）

书写中枢位于额中回的后部，此处受损，虽然其他的运动功能仍然保存，但写字、绘画等精细运动发生障碍，临床上称为失写症。

4. 视性言语中枢（阅读中枢）

阅读中枢位于 9 和 37 区，顶下叶的角回，靠近视中枢。此中枢受损时，患者视觉无障碍，但原来识字的人变得不能阅读，失去对文字符号的理解能力，称为失读症。

任务二　能够说出婴幼儿言语发展的特点

现在我家里有了一个小演说家。宝宝现在一岁半了，会说两种语言：一是正规的语言，比如"睡觉了""要吃饭"。由于刚刚学会，还不能熟练掌握，所以说起来总是不太清楚，而且叠词很多，如"猫猫""车车"。二是自创的语言。有时候你会听到宝宝说出一些谁也不明白的话，不是把不该搭配的词搭配到一起，就是发出一些奇怪的音，甚至在字典里都找不到。这就是宝宝的本事，他虽然有强烈的学说话的意愿，但毕竟理解能力有限，所以总是将你说的话擅自利用，成就他的"出口成章"了。

想一想

宝宝与人的交流用的语言有哪两种？能够说出的词是不是真正被掌握并理解了这个词？

资料卡一：婴幼儿语音的发生与发展阶段的特点

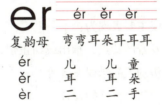

1. 发音准备期

发音准备期大致经历以下 3 个阶段。

简单发音阶段（1～3个月）	连续音节阶段（4～8个月）	模仿发音—学话萌芽阶段（9～12个月）
1. 哭是儿童最初的发音。 2. 两个月以后，不哭时开始发音。 3. 这个阶段的发音是一种本能行为，天生聋哑的幼儿也能发出这些声音	1. 明显活跃，感到舒适时，常常自动发音。 2. 发出的声中，韵母增多、声母出现，且连续重复同一音节。 3. 有些音节与词音相似，但不具有符号意义。如果成人利用这些音与具体事物相联系，使之形成条件反射，就使音具有了意义	1. 明显地增加了不同音节的连续发音。 2. 音调也开始多样化，四声均出现，为学说话做了发音上的准备。 3. 能模仿成人语音，在教育引导下，能把一定语音和某具体事物联系起来，用一定的声音表示一定的意思

2. 逐渐掌握本民族语言的全部语音

一般来说，3 岁幼儿的语音辨别能力已经发展起来，但对个别相似音（如 b 和 p，d 和 t）有时还可能混淆。

1～1.5 岁的幼儿开始发出第一个类似成人说话时用词的音，到 6 岁时，幼儿已经能够辨别绝大部分母语中的发音，也基本上能发准母语的绝大部分语音。

3～4 岁是幼儿语音发展的飞跃阶段，4 岁的幼儿基本上能掌握本民族全部语音。幼儿学习语音的过程，先后有两个不同的阶段：扩展的阶段和收缩阶段。

起初呈现扩展的趋势。婴儿从不会发出音节清晰的语音，到能够学会越来越多的语音，是处于语音扩展的阶段。3～4岁的幼儿，相当容易学会世界各民族语言的发音。当幼儿掌握母语（包括方言）的语音后，再学习新的语音时，就出现了困难，年龄越大，学习第二语言的语音，就越多受第一语言语音的干扰。这个时期就是语音的收缩阶段。

研究发现，幼儿发音的错误，大多数发生在辅音，而且集中在 zh、ch、sh，z，c，s，l 等音。

3. 对语音的意识开始形成

幼儿要学会正确发音，必须建立起语音的自我调节机能。一方面要有精确的语音辨别能力，一方面要能控制和调节自身发音器官的活动。幼儿开始能自觉地辨别发音是否正确，自觉地模仿正确发音，纠正错误的发音，就说明对语音的意识开始形成了。幼儿期，主要是在4岁左右，语音意识明显地发展起来。

幼儿语音意识的形成主要表现为：

（1）能够评价别人发音的特点，指出或纠正别人的发音错误，或笑话、故意模仿别人的错误发音等。

（2）能够意识并自觉调节自己的发音。

情景呈现中的宝宝的语音处于哪个阶段？他说话的特点是什么？

资料卡二：婴幼儿词汇的发展特点

词是言语的基本构成单位，学前儿童词汇的发展主要表现在词汇数量的增加、词类的扩大以及对词义理解的加深。2～3岁儿童的词汇增长非常迅速，词汇数量迅速增加，几乎每天都能掌握新词，而且他们学习新词的积极性非常高。0～3岁时，儿童已经能掌握1 000个左右词汇。

资料卡三：婴幼儿句子的发展阶段及特点

1. 不完整句阶段

不完整句阶段可以分为以下两个阶段：

（1）单词句（1～1.5岁）。

一般来说，婴儿在1岁左右说出第一批单个词；在10～15个月之间，婴儿每个月能掌握1~3个新词；到15个月时，婴儿就能用这些已掌握的词说出一些"单词句"。

"猫猫"这个词，代表猫来了，也可以代表猫走了，或者代表猫正在吃东西。

随后婴儿掌握新词的速度明显增加,进入词语激增时期。词语的增长为婴儿语句发展提供了材料。婴儿从20个月开始进入词的联系和语法生成时期，开始进入双词句阶段。

（2）双词句（1.5～2岁）。

1.5岁以后，孩子说话的积极性提高，说出的词大量增加。2岁时，可达270个词。婴儿大约在20个月左右说出第一批双词句，他们学会把两个词放在一起表达明确的思想。

"明明奶""娃娃掉""踢球"表示：明明的奶奶来了，娃娃掉地上了，有小朋友在踢球。

双词组合能更完整、更确切地陈述思想，而且使用了简单的语法。由于婴儿词汇量在20个月以后增长很快，出现了又一个语言激增时期。例如，一名男孩19个月时第一批双词句共14句，20个月时增加到24句，随后三个月里分别增加到54、89和250句，到24个月时猛增到1 400句，25个月剧增到2 500句。

2. 完整句阶段（2～3岁）

2岁以后，儿童逐渐开始运用合乎语法规则的完整句式更为准确地表达思想。许多研究表明，2～3岁是人生初学话的关键期，如果有良好的语言环境，那么这一时期将成为语言发展最迅速的时期。

这个年龄的儿童逐渐能够用一些简单句表达自己的意思，并开始说出一些复合句，说出的句子较长，由各种词类构成。

资料卡四：婴幼儿语法的发展特点

幼儿掌握语法结构，主要是通过日常生活中的言语交流，模仿成人说话而进行的。幼儿对语法结构的意识出现较晚。

语法的发展主要体现在：

（1）句子从混沌一体到逐渐分化。儿童早期的言语功能有表达情感的、意动的和指物的三个方面，最初三者紧密结合，而后逐渐分化。幼儿早期的语词是不分词性的，而后逐渐分化。

（2）句子结构从松散到逐步严谨。例如，儿童刚开始说"你吃筷子"到"你用筷子吃饭"。

（3）句子结构由压缩、呆板到扩展、灵活。例如，从把火车说成"呜呜呜"到完整清楚地说出"爸爸坐火车去北京"。

宝宝的语音已经能够把一定的语音和某个一定的具体事物联系起来，用一定的声音表示一定的意思。宝宝的句子的发展处于单词句阶段，出现了大量的单音重复、一词多义、以音代物等特点，同时也出现了双词句的一些特点，像是电报式语言，如"睡觉了"。对于自创言语可以引导其向合乎语法规则的正确方向发展。

口吃的心理原因

导致幼儿口吃的因素很多，而情绪上的急躁、激动、紧张和焦虑是引发幼儿口吃的最主要的心理因素。学者经过多年的研究发现，导致幼儿形成口吃障碍的原因主要有以下几方面。

1. 内部语言和外部语言发育不平衡

在语言学习过程中，几乎每个幼儿都有一个语言不流畅阶段，这个阶段一般发生在 1 ~ 5 岁左右。

幼儿在语言的初始学习阶段，内部思维语言发展比较敏捷、活跃，而外部语言表达发展相对缓慢和滞后，即幼儿经常会出现脑子反应很快，但语言表达跟不上的情形，这时候幼儿就会出现重复、卡壳等口吃现象。这个时期出现的口吃现象是非常正常的，属于正常发育性的假性口吃。大部分幼儿随着语言能力的不断成长，内部语言和外部语言就逐步协调起来，口吃自然就会慢慢消失了。

2. 有意模仿

有意模仿形成口吃最常见的原因之一。据不完全统计，目前世界上 80% 以上的口吃者，小时候都和有口吃障碍的人接触过或学习过。

3. 对幼儿语言的过度关注、不正确提醒和消极的心理暗示

由于这个阶段的幼儿经常出现重复、卡壳等口吃现象。本来随着幼儿语言能力的逐步成长，口吃现象就会消失了。但是，这时如果家长过度关注幼儿的语言，经常不正确的提醒幼儿，幼儿的假性口吃不仅不会消失，反而会越来越严重，最终发展成真正的口吃者。

4. 过分惊吓

这种情况在日常生活中比较少见。

5. 某些疾病有可能导致口吃

如小时候发高烧，时间长了就经常说胡话，语无伦次，如果长期得不到治疗的话，容易导致口吃。这种原因目前还没有确切的理论依据，只是大家的一种猜测。

任务三　解决幼儿语言发展中的问题

 情景呈现

　　幼儿园小四班转来了一位新小朋友鹏鹏，为了消除他的紧张感，老师让班里的小朋友主动和他搭话。因为鹏鹏紧张，又有较重的方言，所说的话很难让班里的小朋友理解；还因为有些口吃，有些意思表达不清楚，只好请老师帮忙，老师也不能全懂他说的内容，他只能多次地"嗯……""嗯……"。

想一想

　　为什么会出现这样的现象？如果你是一名实习教师，你会怎样做？鹏鹏是真的口吃吗？请以小组为单位，结合以下资料进行分析并提交解决方案。

 知识锦囊

资料卡一：幼儿口语表达能力的发展特点

1. 情境性言语发展和连贯性言语的产生

情境性言语就是指儿童的言语不能连贯按一定的逻辑顺序进行，而是想到哪里说到哪里，还不

时地加以手势、表情，甚至有时表现为口吃。这种听者根据当时的情境审察手势和表情才能懂的言语称为情境性言语。

连贯性言语的特点是句子完整，前后连贯，逻辑性强，听者仅从言语本身就能完全理解讲话者所要讲的内容和想要表达的思想。

一般来说，随着幼儿年龄的增长，情境性言语比例逐渐下降，连贯性言语比例逐渐上升。

2. 对话言语的发展和独白言语的出现

3岁之前，幼儿基本上都是和成人一起进行活动，幼儿与成人的言语交际也正是在这样一种协同活动中进行的，所以幼儿的言语基本上都是采取对话的形式。

到了幼儿期，由于独立性的发展，儿童常常离开成人进行各种活动，从而获得一些自己的经验、体会、印象等。因此，有必要向成人表达自己的各种体验和印象。这样，独白言语也就逐步发展起来了。

当然，幼儿的独白言语刚刚开始形成，发展水平还很低，尤其是在幼儿初期。小班幼儿虽然已经能主动地对别人讲述自己生活中的事情，但是由于词汇贫乏，表达得很不流畅，常常带有一些口头语，如"嗯嗯……""那个、那个……"，等等，还有少数幼儿甚至显得口吃。在良好的教育引导下，五六岁的幼儿就能比较清楚地、系统地讲述看到或听到的事情和故事了。

3. 出现内部言语的过渡形式——出声的自言自语

3岁正是幼儿语言发展从外部语言过渡到内部语言的关键阶段，自言自语其实正是他们将外部言语转为内部言语的一种表现，是他们把内心思考的内容用语言表达出来的方式。3岁孩子的思维能力正在飞快地发展，但并未成熟，所以他们无法像成人那样只用大脑思考就可以了，他们需要具体的语言来帮助自己思考，慢慢地理顺思路。所以你就会发现宝宝经常"自言自语"。

孩子自言自语的内容往往包括很多不同的形式，如问题言语、游戏言语等。问题言语是孩子日常遇到新奇事物或者不知道该怎么办时所产生的疑问。比如画画时他可能会寻找蜡笔："咦，到哪里去了？"这些信息可能是他曾经看到过、听到过的，现在他通过语言来再次唤起记忆并强化它们。孩子在游戏中，随着游戏的进展需要做很多思维活动，会思考自己要先做什么、再做什么，这本是一个思考过程，但是他会把自己要做的每一件事情，像讲故事一样说出来。

孩子经常自言自语，这是他们思维发展的重要阶段，也是学习言语的有利时机，可以善加利用。父母多跟孩子说说话，随时随地告诉他们一些常识：这是什么，那是什么，干什么用的，我为什么这样做……时而给孩子提一些他力所能及的简单问题。

4. 幼儿掌握书面言语的可能性

学前儿童，由于对言语的积极态度，并掌握了较多的词汇和一般的语法结构，也由于言语的自我调节机能开始形成和发展，到了学前晚期就有可能初步掌握一些最简单的书面言语。

幼儿掌握书面言语的最大特点是：他们开始以词、言语本身作为分析综合的对象。例如，要从句中分出字词，从字词中分出

音节，从音节中分出字母；反过来，要把字母组成音节，把音节组成字词，把字词组成句子。这是一种复杂的能力，一般要到学前晚期才可能具有这种能力。

早期阅读是学前儿童学习书面言语的语言行为，相对于学前儿童学习口头言语，早期阅读活动，是学前儿童开始接触书面言语的途径。

鹏鹏的言语表达能力差，他的语言表达有什么特点？

资料卡二：怎样促进学前儿童的言语发展？

1. 加强并重视早期教育

在儿童语音发展的敏感时期，创设丰富的语言环境，发展学前儿童的语言感知能力、发音能力和交际能力。1.5～2岁是幼儿语言发展最迅速的时期，此时幼儿能说的词量大大增加。应为幼儿的语言发展创造有利条件。这一阶段是幼儿掌握词汇的第一个关键时期。幼儿对词语理解能脱离具体情节，能准确地把词与物体、动作联系起来。例如，你让他在一堆玩具中找出玩具狗，他能准确无误地把它挑选出来。这个时候说明词的称谓功能开始形成。

2～3岁是儿童词汇增长的时期，对词义的理解日益加深。词汇是语言发展的基础，在这一阶段，应该经常与孩子"交谈"，为孩子提供丰富的语言环境，帮助孩子掌握新词，扩大词汇量。例如，妈妈扶孩子站起来时，同时说"站起来"一词，孩子很快就会将"站"的语音和动作联系起来。

当成人打电话时，可以让孩子在旁边观察、倾听成人如何使用电话，初步了解如何接电话、与人交谈、告别。有了打电话的生活经验后，成人就可以用玩具电话与孩子练习打电话，用简单明了的语言，结合孩子熟悉的事物进行交谈，并耐心倾听孩子说话，鼓励孩子多说话，这样的游戏能促进孩子语言交流能力的发展。

2. 营造良好的语言学习环境

成人要充分利用孩子周围的人和物，丰富孩子的生活经验，为孩子提供说话的材料，培养孩子口语表达的能力，在日常生活中可采用"做做、玩玩、说说"的形式，使孩子把动手、动脑、动口结合起来，培养孩子学习语言的兴趣。尽可能多地为孩子提供语言交往的机会，如鼓励孩子与邻里的孩子自由交往，孩子可以在交往中自然进行听说练习，并向同伴学习一些词语，以提高孩子自身语言表达能力。

培养儿童多看、多听、多说、多练的好习惯。要带儿童直接接触外界环境，观察各种事物，获得语言发展必需的感性经验；还要让儿童通过看图片、图书、电视、电影等获得现实的语言知识。

有了丰富的生活内容和语言知识，儿童才会拥有丰富多彩的语言。培养儿童良好的倾听习惯，是发展口语的先决条件。学习语言，必须先学会听，有效的倾听要求注意听、听准确、听得懂，这样才能正确模仿发音、说话。有意识地让儿童听歌曲、故事、童谣，听自然界的声音、乐器声、动物叫声、交通工具声以及生活中其他的各种声音。与儿童交谈时，有意让儿童倾听，听后让儿童想象、模仿。

成人要想方设法创设儿童说话的环境，利用一切环境和机会，随时随地与儿童交谈，或有目的、有计划地组织集体谈话，创造轻松、自由的谈话氛围，鼓励儿童说话，让儿童无拘无束地说，这是促进儿童语言发展的重要方式。儿童期的语言教育任务是培养孩子正确发音，丰富词汇，学习说话。这就必须让儿童多练习，采用多种方法反复练习，及时巩固学习效果。

3. 充分发挥幼儿园在幼儿语言教育中的作用

目前，绝大多数学前儿童的大部分时间都是在幼儿园度过的，教育部颁布的《幼儿园教育指导纲要（试行）》中对语言领域提出了以下目标：一是乐意与人交谈；二是注意倾听对方说话；三是能清楚地说出自己想说的事；四是喜欢听故事、看图书；五是能听懂和会说普通话。

小班可以开设谈话活动，使小班幼儿初步学习不同时段要用不同的问候语，如早上好、中午好、晚上好，并使他们愿意在集体面前问候老师和小朋友。

中班可以开设讲述活动，学习观察图片、理解图片、根据图片内容自由想象，学习互相讨论，共同解决问题，并使幼儿乐意参与讲述活动，能声音响亮地在集体面前说出自己的想法。

大班可以动用童话教学，使幼儿学会欣赏故事，并初步感受故事所表现的风格，理解故事内容。

小提示

　　情景呈现中新来的小朋友不能够和原班小朋友进行很好的交流，其主要原因有两方面，一方面是他有着较重的地方发音，普通话发音不标准，影响了小朋友之间的交流；另一方面，新小朋友对新环境不适应，紧张、焦虑影响了他的正常思路，从而影响了他的言语表达。教师要联系这个孩子的家长，了解孩子原来的生活习惯，让他尽快适应新环境。多关心孩子，让孩子早日学会普通话的正确发音。教师要利用各种活动、各种方法培养学前儿童的言语，如利用日常生活中的各个环节、学习活动、游戏等，使学前儿童的言语得到快速地发展。

你知道吗

影响学前儿童语言学习的因素

1. 生理因素

生理因素为语言学习和发展提供了一种可能性和规定性。语言发展最重要的生理基础是人类的神经系统，特别是大脑的发展。经研究，现代人类的大脑可以分为多个功能区，分别起着调节人类各种行为的作用。其中，语言中枢分布在大脑左半球，控制着人类的语言发生系统。通过不断的遗传作用，人类具备了学习语言的可能性。生理条件在语言发展中具有重要性。当然，还要有成熟完善的语言器官和感知觉系统，人类才能完成语言的任务。儿童在 1 岁以前已经可以发出多种声音，4 岁左右就已基本掌握母语的全部语音。可见，幼儿习得语言的过程是快速而且成功的。儿童成长到两三岁时，已经开始能够初步地独立行动，能理解和运用最简单的言语。

2. 心理因素

心理因素主要包括三方面：一是知识经验的积累，二是认知能力的发展，三是心理素质的差异。语言能力是基于对语言内容的理解形成的，这意味着，语言能力受认知能力制约，同时又有自己特殊的认知作用。如果儿童对语言描述的事物完全没有感性认识，又不能理解词义，成人在与之交流时说出的事物名称或抽象概念就会让他茫然无措，就更不用提模仿和表达了。幼儿的性别差异也影响着儿童的语言学习和语言发展。比如女孩和男孩相比，更乐意与成人交往，导致女孩语言发展快于男孩。一般来说，父母对男孩的谈话较粗放，斥责、威胁的语句较多；而对女孩的谈话较温和，常用商量、开导的语气。这无疑会对男女儿童的语言发展产生不同的影响。另外，个性外向的儿童的语言发展会比个性内向的儿童要快。

3. 社会因素

社会的各种因素对于幼儿的语言学习有很大的影响，比如，四川、湖南的人爱吃辣椒，这两个地区的儿童对"辣"的掌握就比其他地区的儿童要早一年。生活环境不同，幼儿掌握某些词的程度就不同。

一、学习绕口令

（1）天上有个日头，地上有块石头，嘴里有个舌头，手上有五个手指头。不管是天上的热日头，还是地上的硬石头，嘴里的软舌头，手上的手指头，还是热日头，硬石头，软舌头，手指头，反正都是练舌头。

（2）四和十，十和四，十四和四十，四十和十四。说好四和十得靠舌头和牙齿，谁说四十是"细席"，他的舌头没用力；谁说四十是"适时"，他的舌头没伸直。认真学，常练习，十四、四十、四十四。

二、让中班幼儿表演、复述故事《山羊开店》

山羊伯伯开了一家水果店，店里的水果可多啦，有苹果、梨、桃子、香蕉、葡萄，还有一串串的紫葡萄。

小动物们都爱吃水果，常到山羊伯伯的店里来买。小白兔向山羊伯伯买了梨；小猴喜欢吃桃子，就买了四只大蜜桃；小刺猬买了苹果和梨；小花猫买了一大串的紫葡萄。小朋友，请你想一想：小狗、小猴子、小刺猬和小花猫是怎样把他们买的水果拿回家的？小白兔用篮子拎着梨回家，小猴子用双手捧着桃子回家，小刺猬用背上的刺串着苹果和梨回家，小花猫用一只手托着葡萄回家。

第二节　学前儿童的思维

你看过中医吗？请同学们谈谈中医是怎样看病的。以小组为单位整理资料，并以电子幻灯片的形式在课堂上进行演示分享，时间控制在5分钟以内。

任务一　解决学前儿童感知觉、语言与思维的关系的问题

大班幼儿明明早上要去幼儿园，一大早走出门，看见地面都是湿漉漉的，他告诉妈妈昨天晚上下过雨了，并问妈妈要不要拿上雨伞。

想一想

明明为什么会说昨晚下过雨？这和我们之前学过的感知觉有什么不同？请同学们运用信息化手段及以下资料，以小组讨论的形式完成以上任务并展示结果。

小朋友们一起做完游戏后，我们看到他们兴高采烈地回到班里，就可以推测他们今天一定玩得很愉快，虽然我们没有和他们一起玩。

知识锦囊

资料卡一：思维是什么？

思维是人脑对客观现实间接的和概括的反映，是认识的高级阶段。

间接性是指思维不是直接地反映具体的事物，以其他事物为媒介，借助已有的知识经验，反映事物的本质特性和事物间的内在联系。

小事例

中医看病，那就是"望闻问切"。这个术语涵盖了诊断疾病的四个方面：望，就是用眼看，看神色、看形状、看舌苔，等等。闻，有两个含义，一是耳闻目睹的闻，就是听的意思；二是闻气味的闻，是鼻子嗅觉。问，就是用交谈来获得信息。切，包括触觉、切脉等。中医诊治疾病是通过各种信息综合分析而来的，是间接的反映。

由此可见，由于思维的间接性，人们才可能超越感知觉提供的信息，认识那些没有直接作用于人的感官的事物和属性，从而揭示事物的本质和规律。从这个意义上讲，思维认识的领域要比感知觉认识的领域更宽广、更深刻。

概括性是指思维反映的不是个别的事物或者事物的个别特性，是指在大量感性材料的基础上，把一类事物共同的特征和规律抽取出来，加以概括。

小事例

汽车包括了卡车、摩托车、公共汽车、小轿车等。汽车是交通工具，属于思维的概括性。

情景呈现中的明明说"昨晚下过雨了"，就是概括自然的现象而得出的规律。

资料卡二：思维与感知觉有哪些相同和不同的方面？

思维与感知觉一样都是人脑对客观事物的反映，但感知觉是客观事物直接作用于感知觉器官所产生的反映。它反映的是外部特征和事物之间的外部联系而不是事物本质属性和内在规律性，较为粗浅和片面，是认识的低级阶段。

思维是人对事物的概括的间接反映。思维是人们对现实的概括认识，思维是高级的认识过程，是以感知为基础而发展的。它是在多次感知的基础上概括出来对事物现象因果关系的认识。

我们看见汽车在大街上开动，汽车的形状及在街上飞快行驶的情景在脑中得到反映，这是感知觉。但要知道汽车为什么能开动，找出汽车的结构特点及各部件关系，则是思维。思维使我们知道不能直接观察到的东西，通过分析、综合、推理和判断发现或找到事物复杂的联系和关系。

通过学习，我们认识到情景呈现中的明明看到地上湿漉漉的而判断出下过雨，这是对客观事物的一种间接的反映。由于每一次下过雨都有这样的表现，所以明明的反映是概括多次下雨的结果，也是概括的反映。明明没有直接看到下雨的过程，但是通过一些现象可以间接、概括地反映出下过雨，这就体现了感知觉与思维的不同。

什么是思维能力？

思维能力包括理解力、分析力、综合力、比较力、概括力、抽象力、推理力、论证力、判断力等能力。它是整个智慧的核心，参与、支配着一切智力活动。一个人聪明不聪明、有没有智慧，主要就看他的思维能力强不强。要使自己聪明起来，最根本的办法就是培养思维能力。

任务二 把握学前儿童思维发展的特点

丽丽今年3岁了，在做数学题2个苹果加3个苹果等于几个苹果时，要用手指着苹果一个一个地加起来。一天丽丽想吃梨了，向妈妈要梨吃。丽丽："妈妈，我要吃梨。"妈妈："现在咱家里没有梨。"丽丽："妈妈，上街买去！"妈妈："现在梨子还没成熟呢，街上也没有卖的。"丽丽："有，东东都吃梨了。"

想一想

丽丽为什么这样看问题呢？东东吃的梨一定是在街上买的吗？请结合日常生活中的经验和以下资料对丽丽的行为进行分析，以小组为单位提交思考结论。

资料卡一：婴幼儿思维发展的一般趋势

从概括的性质的演变来看，一般认为是从动作的概括向表象概括，再向概念概括发展。

小事例

下列是三种不同概括水平的幼儿：

（1）幼儿掰着手指数数。

（2）幼儿理解交通工具较难，理解汽车容易。

（3）幼儿能计算 $3+4=7$，会对抽象数字进行加法运算。

从反映的内容的演变来看，是从反映事物的外部联系、现象到反映事物的内在联系、本质，从反映当前事物到反映未来事物的发展过程。

小事例

小班幼儿在拼图之前往往说不出要拼什么。偶尔拼凑出一种图形，就非常惊奇或者好像突然有所发现地喊："哈！雨伞！我拼了把雨伞！""机器人！"拼出来的图形像什么，就说是拼了什么，说不出是怎样拼成的。中班幼儿在开始行动之前，只能笼统地说出想要拼什么，拼的过程中常常有言语活动伴随。大班幼儿在动手之前，已经能完全用语言说出自己想要拼什么和怎样拼，并能按照自己的言语表述去行动。

资料卡二：学前儿童思维的发展有什么特点？

学前儿童思维发展的阶段

1. 学前早期儿童以直觉行动思维为主

直觉行动思维是依靠感知在实际操作过程中进行的思维，是最低水平的思维。直觉行动思维是指思维活动离不开幼儿自身对物体的感知，离不开幼儿自身的动作。婴儿思维依据动作进行。

小事例

　　自行车出了毛病，不能骑了，问题在哪里？人们必须通过检查自行车的相应部件，才能确定是车胎没气了，还是轴承坏了。找出故障进行修理，才能排除故障。这种通过实际操作解决直观具体问题的思维活动，就是直觉行动思维。

　　3 岁前的幼儿只能在动作中思维，他们的思维基本上属于直觉行动思维。幼儿将玩具拆开，又重新组合起来。动作停止，他们的思维也就停止了。成人有时也要运用表象和动作进行思维，但是成人的直觉行动思维要比学前儿童的直觉动作思维水平高。

2. 学前中期儿童以具体形象思维为主

　　具体形象思维是运用已有的直观形象（表象）解决问题的思维。

小事例

　　老师说："吃完饭的小朋友把碗放到筐子里。"初入园的幼儿全部没有反应。老师说："果果，把碗放到筐子里去吧！"果果才懂得了老师的意思。在这里"吃完饭的小朋友"是个泛指的词，没有具体指出哪个小朋友，而每个孩子的名字才是具体的。

　　学前儿童思维的形象性，表现在学前儿童依靠事物在头脑中的形象来思维。学前儿童的头脑中充满了颜色、形状、声音等生动的形象。比如，兔子总是"小白兔"、猪总是"大肥猪"，奶奶总是白头发的，儿子总是小孩。又如，一个儿童能够正确回答"这里有六个苹果，我们两个人分，两个人要一样多，那么每个人应该得几个苹果呢"，但是不会回答"3+3 等于几"的问题，家长感到奇怪，前者属于除法题，后者是加法，为什么幼儿能回答前者而不能回答后者呢？原来，学前儿童并不是通过算术公式来解答问题的。他之所以能够正确解答第一个问题，是因为这个问题在他头脑中形成了直观的形象，而后一题只是抽象的数概念。

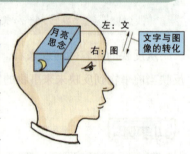

3. 学前晚期儿童开始出现抽象逻辑思维的萌芽

　　抽象逻辑思维是指运用言语符号形成的概念来进行判断、推理，以解决问题的思维过程。

　　听有节奏的歌曲"3 只小猴子，跳上了小床；一只摔倒了，头上起大包；2 只小猴子，跳上了小床；一只睡着了，肚子吃饱饱；3 只小猴子……"任何这样有数字变化的歌谣都能把基本的数字概念介绍给孩子。

82

抽象思维是人们在认识活动中运用概念、判断、推理等思维形式，对客观现实进行间接的、概括的反映的过程，属于理性认识阶段。抽象思维凭借科学的抽象概念对事物的本质和客观世界发展的深远过程进行反映，使人们通过认识活动获得的知识远远超出依靠感觉器官直接感知所得到的知识。

学前儿童概念、判断、推理的发展

概念、判断和推理是人类思维活动的基本形式。这种基本形式在幼儿思维发展过程中表现出具体形象性。

1. 学前儿童对概念的掌握

学前儿童对概念的掌握，受概括能力发展水平的制约。学前儿童概括能力的发展可分为三种水平：动作概括水平、具体形象概括的水平、本质抽象概括的水平，它们分别与三种思维方式相对应。

（1）动作概括水平

动作概括水平与直观行动思维水平相对应。这种概括不能用词语来表示，因而严格来说不能称为掌握真正概念的概括。不过，当婴儿开始有目的地用自己的动作来影响物体并简化了这些动作时，我们就称婴儿出现了动作概括化的倾向。

我们问一个两岁孩子："两个多还是三个多？"我们得到的答案往往会很失望，孩子也许刚刚说是两个多，一会儿又会回答三个多了。这说明他还不具备在头脑中对这两个数目进行抽象比较的能力。可是，如果在动作的水平上就不一样了。儿童可以把两组物体分别排成一排，并且更容易地进行对应比较。

（2）具体形象概括的水平

当学前儿童开始掌握语言、运用语词时，便出现了真正的概括水平。但因为学前儿童掌握语词需要一个发展过程，而且最初掌握的语词仅仅代表着个别物体或物体的个别外部特征而非本质的属性，所以此时学前儿童的语词的意义只是对物体外部特征的概括化，还不是形式逻辑严格定义的概念。

小事例

　　学前儿童最初掌握的概念大多是日常生活中经常接触的各种事物的名称，如人称、玩具、动物等。这类概念的内涵往往可以被感性材料清楚地揭示出来。

（3）本质抽象概括的水平

　　当学前儿童所掌握的语词由表示外部特征进而发展到对一类物体比较稳定的主要特征进行分析综合时，便进入了本质抽象概括的水平。这种水平出现的标志是学前儿童对抽象概念的掌握，但由于受到学前儿童具体形象思维水平的限制，所以他们仅有初步的抽象概括能力。

小事例

　　小孩淘气，用手摸火炉，结果烫起几个燎泡。有过几次教训后，他便不再摸任何火炉包括那些不曾烫过他的火炉了。他自然地形成了这样一种朦胧意识：那些东西是火炉，也会烫人的。这种朦胧意识十分可贵，意味着已经从同类事物的不同个体中抽象出了该类事物的共性。

2. 学前儿童对判断、推理的掌握

　　判断是概念和概念之间的联系，是事物之间或事物与它们的特征之间的联系的反映。判断是肯定与否定概念之间的联系，获得判断主要通过推理。逻辑思维主要运用判断、推理进行。

　　在幼儿期，判断能力随着年龄的增长而发展。

（1）以直接判断为主，间接判断开始出现

　　判断可以分为两大类：感知形式的直接判断和抽象形式的间接判断。

小事例

　　孩子常常以貌取人，以为长得漂亮的就是好人，丑的就是坏人。

　　一般认为直接判断并无复杂的思维活动参加，是一种感知形式的判断。间接判断则需要一定的推理，因为它反映的是事物之间的因果、时空、条件等关系。其中，因果关系是最基本的。

　　学前儿童以直接判断为主。他们进行判断时，常受知觉线索的左右，把直接观察到的事物的表面现象或事物间偶然的外部联系，当作事物的本质特征或规律性联系。

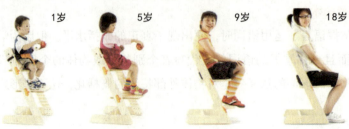

1岁　　　5岁　　　9岁　　　18岁

（2）判断的依据是自己的主观感受

对斜坡上皮球滚落的原因，3～4岁的幼儿说："（球）站不稳，没有脚。"5～6岁幼儿说："球在斜面上滚下来，因为这儿有小山，球是圆的，它就滚下来了。"

学前儿童的判断往往只反映事物的表面联系，随着年龄的增长和经验的丰富，开始逐渐反映事物的内在、本质联系。幼儿初期往往把直接观察到的物体表面现象作为因果关系。

幼儿初期常常不能按事物的客观逻辑进行判断，而是按照"游戏的逻辑"或"生活的逻辑"来进行。

（3）判断论据合理化

从判断论据看，幼儿起先没有意识到判断的根据，以后逐渐开始明确意识到自己的判断根据。幼儿初期儿童虽然能够作出判断，但是他们没有或不能说出判断的根据，或以他人的根据为根据，他们甚至于并未意识到判断论点应该有论据。

小的孩子看到一个大人叫一个老爷爷爸爸，就不能理解。稍大一点的孩子就明白了爸爸和儿子是一种亲子关系，和年龄无关。

学前儿童理解能力的发展

理解是个体运用已有的知识经验去认识事物的联系、关系乃至其本质和规律的思维活动。学前儿童对事物的理解有以下发展趋势：

1. 从对个别事物的理解，发展到理解事物的关系

幼儿理解成人讲述故事时，常常先理解其中的个别字句、个别情节或者个别行为，以后才能理解具体行为的原因及后果，最后才是理解整个故事的思想内容。

2. 从主要依靠具体形象来理解事物，发展到依靠语言说明来理解

小班幼儿在听故事时，常常要靠形象化的语言和图片等辅助手段才能理解。随着年龄的增长，儿童逐渐能够摆脱对直观形象的依赖，而只靠言语描述来理解。

3. 从对事物作简单、表面的理解，发展到理解事物较复杂、较深刻的含义

在给小班幼儿讲完《孔融让梨》的故事后，问孩子们："孔融为什么让梨？"不少幼儿回答："因为他小，吃不完大的。"随着年龄的增长，儿童逐渐能够理解故事的深层含义。

4. 从不理解事物的相对关系，到初步地理解事物的辩证关系

幼儿看电视时，常常会问："他是坏人，还是好人？"如果成人说"他既有坏的一面，也有好的一面"，孩子会感到难以理解。

情景呈现中的丽丽3岁了，她的思维处于直觉行动思维阶段，因此她的思维与动作相联系的，与直观行动思维水平相对应，离开了手的动作，思维就停止了。丽丽的推理是对事物作简单、表面的理解，她认为人们吃的东西一定是从街上买的，不存在其他的途径和可能性。因此，是一种极其简单的推理。

推理小故事：毛毯的破绽

一天，警方接到报案说有人在家中自杀身亡。警方迅速赶到现场，见死者全身盖着毛毯躺在床上，头部中了一枪，手枪滑落在地上。床边的柜子上有一张白纸，上面写着："我炒股负债累累，只有一死。"警官走到床边，掀开盖在死者身上的毛毯看了一眼，说："又是一起伪造的自杀案。"请问警官根据什么判断这不是自杀？

答案：死者是头部中枪，若是自杀，他拿手枪的那只手应该露在毛毯外面。

任务三 培养学前儿童的思维

情景呈现

军军和他的爸爸一起去探望奶奶。火车上，军军；时不时地把脑袋伸出窗外。爸爸说："军军，安静些！别把脑袋伸出窗外。"但军军仍然把脑袋伸出去。于是爸爸很快地拿掉了军军的；帽子，并飞快地把它藏在身后，说："看，帽子背风吹掉了。"军军害怕了，他哭了，想找回帽子。

爸爸说："吹声口哨，帽子或许就会回来的。"军军凑到车窗外，吹起了口哨。爸爸很快地把帽子放到军军的头上。"哦，真是个奇迹！"军军笑了。他很高兴，模仿爸爸的动作，飞快地拿掉爸爸的帽子丢出窗外。"现在该轮到你吹口哨了，爸爸！"他快活地说。小军军以为爸爸的帽子也能找回来呢。

想一想

像军军这样的案例在我们的生活中也很常见，幼儿不停地变换姿势和活动方式。如果要求他们安静地坐着，过不了多久，他们就有疲劳表现，不断地打呵欠、伸懒腰，就会动动手、踢踢脚，做各种小动作。他们在自由活动时，在相当长时间内持续地跑跑跳跳，却不感到疲倦。他们在理解成人的语言时，也常常依靠自己的具体生活经验。我们应该怎么帮助他们呢？根据以下资料，以小组为单位讨论回答这一问题，给出解决方案。

知识锦囊

资料卡：如何培养学前儿童思维能力？

培养幼儿的思维能力

1. 培养学前儿童的理解能力

思维活动常常是在理解基础上进行的，但学前儿童的大脑发育尚处于初级阶段，理解认识事物往往需要以语言和动作为媒介来进行。因此，我们要注意用语言和动作相结合的方式来培养孩子的理解能力，进而鼓励孩子说出接触过的人和事物的名称。另外，还可以训练幼儿理解事物的特点，通

过成人的语言、声调、表情和手势，让幼儿理解什么可行，什么不可行。如在小班幼儿听故事时，幼儿往往只能指出图画中的个别人物或任务的个别动作，或者图画中对自己最有吸引力的事物。在成人的引导下，中班的幼儿开始能理解人物之间的一些简单的关系。大班末期，幼儿观看比较简单的图画时，已经能基本把握整个画面的内容，甚至能用一句话概括出图画所反映的主题，说明他们记忆理解了这幅图画。

2. 培养比较认识事物的能力

我们可以找一些比较大小的实物，如玩具、建筑物、生活物品等，引导孩子进行比较。也可给孩子提供一些可以比较粗细的实物或在纸片上画出粗细不同的线条，让孩子从中比较、辨别粗细。

谁最粗？谁最细？

3. 培养学前儿童的分类、概括能力

分类法常常是用来测验学前儿童概括能力和掌握概念水平的，也是用来培养和发展学前儿童概括能力的。我们可利用实物训练法，就是将玩具、食品和生活用品混合在一起，让孩子把玩的、吃的、用的东西分开，并找出一些具有相同之处的物品。还可利用图片训练法，就是给孩子买一些彩色图画的卡片，或从废旧杂志、画刊上剪下一些食品、动物、生活用品的图案，将它们贴在硬纸上制成卡片，引导孩子做些游戏，对学前儿童进行训练。

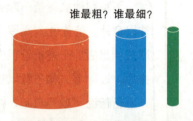

4. 培养学前儿童的分析判断能力

在教育活动中，家长可以说出某些事物或人物的基本特征，让孩子说出它们的名称，或者说出一些谜面帮助孩子分析，猜出谜底。在日常生活中，家长可让孩子观察相反的事物。如让孩子观察两个人，一个讲礼貌，一个不讲礼貌，让孩子判断是非。

5. 培养学前儿童的逻辑思维能力

在正确的教育下，随着儿童语言的发展、知识经验的丰富，从幼儿中班开始，幼儿逐步出现了抽象逻辑思维的萌芽。到了幼儿期末，幼儿的抽象逻辑思维已经比较明显。

家长可以给孩子两个不相关的事物，让孩子说出一句话，或者编

出一个小故事，把二者联系起来，比如让孩子用一句话把水和火联系起来。也可以玩一些走迷宫游戏。

6. 重视培养学前儿童的创造性思维

创造性思维取决于创造性想象力，所以可以通过培养学前儿童创造性想象力来培养学前儿童的创造性思维。比如，成人可以向学前儿童提出一些有启发性的问题，让他们通过自己的想象和思考来解决。例如，"教室内已经挂好的风景画怎样摆最合适？"让学前儿童通过自己的想象和思考布置不同的结果，让他们建立"任何事物都不是一成不变的"的创造性意识。

辨轻重
通过下面三组图，你知道哪种水果最重吗？找到最重的那种水果并用笔圈起来。

 ## 小提示

我们以思维培养为主线，以日常知识经验为主要内容，突出培养儿童学习探索的兴趣、方法、能力，更好地发展儿童的思维能力。

 ## 你知道吗

各年龄班幼儿三种思维方式解决问题的百分数

年龄	直觉行动思维	具体形象思维	抽象逻辑思维
3～4岁	55.0	17.5	0
4～5岁	85.0	53.8	0
5～6岁	87.5	56.4	15.0
6～7岁	96.3	72	22.0

 ## 小试牛刀

思考训练一

找六根长度相同的小木棒（可用笔代替），以每根木棒为边拼出四个相同大小的等边三角形。

思考训练二

右图是一道著名的题目，要求一笔连续不断地画出四条线段（不能重叠），将图中的九个黑点连接起来。你能做到吗？

第四单元 学前儿童情绪情感和意志

学习目标 ◀

1.理解情绪和情感的基本概念，主要外部表现及其作用。
2.掌握学前儿童情绪和情感发展的特点及培养。
3.理解意志的基本概念及主要心理成分。
4.掌握学前儿童意志发展的规律特点。
5.把握学前儿童意志的培养。

第一节　学前儿童的情绪和情感

　　分小组收集有关情绪情感的相关资料以及幼儿平时的情绪情感表现，制作幻灯片并在课前进行展示交流。

任务一　掌握情绪和情感的基本概念

小木偶的故事

　　老木匠做了一个小木偶，并在小木偶的脸上添了一个"笑嘻嘻"的表情，以为只要会笑，小木偶就会永远快乐。然而只有"微笑"的小木偶因为缺乏其他表情，所以在着急、生气、委屈，甚至是痛苦、伤心时也总是一副笑嘻嘻的样子，因此在生活中遇到了许许多多的挫折。最后是一个善良的女巫点化了他，使小木偶拥有了所有的喜怒哀乐。

　　"人非草木，孰能无情"，小木偶的故事告诉我们喜、怒、哀、乐等情感体验对于我们是非常重要的，情感就像染色剂，给我们生活染上各种斑斓的色彩。

想一想

　　小木偶因为缺了几种情感给他的生活带来了很多困扰，那么情绪情感到底是一种怎样的心理状态呢？它又在小木偶的生活中发挥着怎样的作用呢？

资料卡一：情感的基本概念是什么？

　　情绪和情感是人对客观事物的态度的体验，是人的需要是否获得满足的反映。情感既是一种主观感受，也是对现实的反映。它所反映的不是客观事物本身，而是具有一定需要的人和客观事物之间的关系。

　　对情绪和情感的定义可以从以下三个方面来分析：

　　（1）情绪和情感是人对客观现实的态度的反映。它是由客观事物引起的，离开了具体的客观事物，人不可能产生情绪、情感，"世界上没有无缘无故的爱，也没有无缘无故的恨"就是这个道理。客观现实是情绪、情感产生的源泉，人的情绪、情感是客观现实的反映。

　　当一个人在沙漠中感到饥渴难耐时，突然看到一瓶水，会显得欣喜异常。

　　（2）认识是情绪和情感产生的前提和基础。人们对客观事物的认识是产生情绪和情感的直接原因，如果没有对客观事物的认识，就不会产生任何情绪情感。

　　如果在野外看到一只狼，我们会惊恐万分，但是如果在动物园中就没有那种害怕的感觉。

　　（3）情绪、情感的性质以客观事物是否满足人的需要为中介。人对客观事物的不同认识，产生了不同态度，从而产生了不同的情绪、情感。如果我们的需要得到满足就会持肯定的态度，产生满意、高兴的情绪、情感；如果得不到满足，就会对事物持否定的态度，产生不满、痛苦的情绪、情感。

　　针对同样的洋娃娃玩具，女孩通常会玩得开心和满足，而男孩却往往无视。

　　人们都希望永远快乐，但是为什么拥有了"快乐"的小木偶反而遇到了许多麻烦？我们的生活除了快乐还有其他什么情绪和情感状态？

资料卡二：情绪和情感有什么不同呢？

（1）从发生的角度来看，情绪发生较早是原始的，是人和动物共有的；情感发生较晚，是人发展到一定阶段才产生的，也是人类特有的。

（2）从稳定的程度来看，情绪不太稳定易改变，具有较大的激动性和情境性；而情感则比较稳定不易改变，具有深刻性和持久性。

（3）从表现形式来看，情绪有明显的外部表现，发生的迅速强烈而短暂；而情感多以内在形式存在，比较内隐。

（4）从需要的角度来看，情绪往往是和生理需要相联系的体验形式；情感则是和高级社会性需要相联系的体验形式。

根据以上知识判断一下自己的日常状态，哪些属于情绪，哪些属于情感呢？

资料卡三：情绪、情感有哪些外部表现？

情绪、情感发生时，人身体的动作和姿态也会有明显的变化，这些行为反应就是我们俗称的表情。表情是人类交往的重要形式，是传递信息、表达思想的重要手段，也是了解情绪、情感的客观指标。而情绪、情感主要有面部表情、身段表情、言语表情三种具体的外部表现。

1. 面部表情

人的面部表情最为丰富，它是通过眼部肌肉、颜面肌肉和口部肌肉来表现人的各种情绪状态。如眉开眼笑、目瞪口呆、愁眉苦脸、面红耳赤。

2. 身段表情

身段表情是通过四肢和躯体的变化来表现人的各种情感状态。例如，高兴时手舞足蹈，悔恨时捶胸顿足。

3. 言语表情

言语表情是通过音调、音素、音响的变化来表现人的各种情感状态。例如，高兴时语调激昂、节奏轻快，悲哀时语调低沉、节奏缓慢。

小木偶的"微笑"只适用于快乐，如果让你设计，你会给小木偶缺乏的其他情绪情感设计怎样的表情呢？

资料卡四：情绪和情感有什么作用呢？

适应作用	动机作用	调节作用	信号作用
情绪、情感的适应作用是指其能够使个体针对不同的刺激事件产生灵活自如的适应性反应，并调节或保持个体与环境间的关系	情绪、情感的动机作用是指情绪、情感是驱动人行为的动机，可以推动或阻碍人的行为	情绪、情感的调节作用是指情感对人体的活动具有组织或瓦解的作用	情绪、情感的信号作用是指个体以体验的方式表达出自己对周围事物的认知，并对他人施加一定的影响

情景呈现中拥有了各种情感的小木偶为什么在生活中的困扰变少了，各种各样的情感在他的生活中起了什么重要的作用？

小提示

情绪和情感就是我们在面对生活时所产生的喜怒哀乐等各种内心体验。人区别于动物，很重要的一方面就是我们除了生理需要，还有各种复杂的情感。有时候我们会努力做某件事情，只因为这件事能够给我们带来愉快与喜悦。就是因为有了情绪和情感，我们才能进行自我调控、引导调节自己的行为，才能适应复杂的社会，更好地进行工作和学习，促进自己不断发展，维持自己的身心健康。所以，情感在我们生活中发挥着不可替代的作用。

你知道吗

达尔文在研究人与动物的表情时提出了情感两级性的观念，具体表现在以下几个方面：

从性质上看	情绪和情感的两极性表现为肯定和否定的对立性质
从强度上看	情绪和情感强弱是不同的
从紧张度上看	情绪和情感有紧张和轻松之别
从激动性上看	情绪和情感还有激动与平静两极

任务二　掌握情感的基本种类

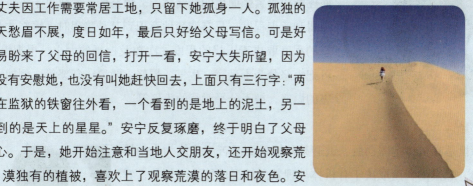

安宁是一位生长在沿海城市的女孩，因丈夫工作调动随夫来到西北荒漠地带，住土坯房子，听不懂当地方言，没有充足的水源，这里的一切小静非常不适应。更糟糕的是，后来丈夫因工作需要常居工地，只留下她孤身一人。孤独的她整天愁眉不展，度日如年，最后只好给父母写信。可是好不容易盼来了父母的回信，打开一看，安宁大失所望，因为父母没有安慰她，也没有叫她赶快回去，上面只有三行字："两个人在监狱的铁窗往外看，一个看到的是地上的泥土，另一个看到的是天上的星星。"安宁反复琢磨，终于明白了父母的苦心。于是，她开始注意和当地人交朋友，还开始观察荒漠独有的植被，喜欢上了观察荒漠的落日和夜色。安宁惊奇的发现周围的一切都变了，变得丰富多彩，使她每天如沐春风。

想一想

沙漠还是原来的沙漠，环境还是原来的环境，是什么改变了安宁的生活？面对纷繁的社会和生活，我们拥有着哪些复杂的情感呢？

资料卡一：情绪有哪些基本形式呢？

1. 快乐

快乐是指盼望的目标达到或需要得到满足之后，解除紧张时的情绪体验。快乐的程度取决于愿望的满足程度，一般可以分为满意、愉快、欢乐、狂喜等。例如，亲人团聚时的高兴，学习获得好成绩时的愉快等。

2. 悲哀

悲哀是与所热爱的对象的失去和所盼望的东西相联系的情感体验。悲哀的程度取决于失去对象的价值。此外，主体的意识倾向和个体特征对人的悲哀程度也有重要的影响。根据悲哀的程度不同，可分为遗憾、失望、难过、悲伤、极度悲痛等不同等级。例如，亲人去世的悲伤，考试失利的难过等。

3. 愤怒

愤怒是由于外界干扰愿望实现受到压抑、目的实现受到阻碍，从而逐渐积累紧张而生的情绪体验。愤怒的产生取决于人对达到目的的障碍和意识程度，只有清楚地意识到某种障碍时，愤怒才会产生。愤怒的程度取决于干扰的程度、次数及挫折的大小。根据愤怒的程度，可把愤怒分为不满意、生气、愠怒、激愤、狂怒等。例如，被恶意伤害的愠怒，被不公平对待的生气等。

4. 恐惧

恐惧是有机体企图摆脱、逃避某种情景而又苦于无能为力的情绪体验。恐惧的程度取决于有机体处理紧急情况的能力。例如，看恐怖片时的惊惧，小朋友独自在家时的害怕等。

在情感快乐、悲哀、愤怒、恐惧四种基本形式中，快乐属于肯定的积极的体验，它对有机体具有增力作用。而悲哀、愤怒、恐惧通常情况下属于消极的体验，对人的学习、工作、健康具有消极的作用，因而应当把它们控制在适当的水平上。

情感众多的外在形式中，哪些有助于情景呈现中的安宁适应生活，哪些则会起到相反作用？

资料卡二：情感有哪些基本种类呢？

1. 按情感状态分类

根据情感发生的强度和持续时间的长短等特性，可以把情感分为激情、心境、应激、挫折四种形式。

（1）激情。是一种强烈的、爆发式的、持续时间短暂的情感体验。例如欣喜若狂、暴跳如雷、悲痛欲绝等。

（2）心境。是一种深入的、比较微弱而又持久的情感状态。例如得意、忧虑、焦虑等。

（3）应激。是在出乎意料的紧急和危险的情况下所引起的高度紧张的情感状态。例如目瞪口呆、手足无措等。

（4）挫折。是人的行为目的受到阻碍时所产生的情感状态。例如考试失利后的灰心丧气、演讲不敢上台时的紧张胆怯等。

2. 按情感的社会性内容分类

根据情感的社会性内容可以把情感分为道德感、理智感和美感。

（1）道德感。是人们运用一定的道德标准评价自身或他人的行为时所产生的一种情感体验。人们在相互交往中掌握了一定的思想意图时，总是根据个人所掌握的道德标准加以评价，这时人所产生的情感体验即为道德感。如热爱祖国、尊师重教、尊老爱幼等。

（2）理智感。是人们认识和追求真理的需要是否得到满足而产生的一种情感。理智感同人的认识活动的成就的获得、需要的满足、对真理的追求及思维任务的解决相联系。

（3）美感。是人对客观事物或美的特征的情感体验。它是由具有一定审美观点的人对外界事物的美进行评价时所产生的一种肯定、满意、愉悦、爱慕的情感。例如，自然景观的秀美壮观，中国山水画的淡雅优美等，让人觉得赏心悦目、神清气爽。

天文学家哥白尼在回顾自己所走过的道路时说，他对天文的深思产生于"不可思议的感情的高涨和鼓舞"。

在资料介绍的各种情感中，分析情景呈现中的安宁是运用怎样的情感打败在沙漠中的孤独和失望的呢？

是什么改变了安宁的生活？是她的内心，是她对待生活采用的不同情感。人类有喜、怒、哀、乐等各种不同的情感形式，而它们是维持我们生活不可或缺的因素。有时候生活环境也许无从选择，但是怎样面对生活、选择怎样的生活方式、怎样的情绪、情感去面对生活却是我们可以决定的。我们应该以积极健康的情感状态面对生活中的不如意，那样不管怎样艰苦都会拥有不同的生活色彩。安宁的故事告诉我们：心态决定一切，情感改变生活。

道德感的三种基本形态

1. 直觉的道德情感

直觉的道德情感是由于对某种具体的道德情境的直接感知而迅速发生的情感体验。它往往是由具体情境而引起的，以迅速产生为特点，对道德行为具有迅速定向的作用。例如，当一个人在特别安静的环境中突然发出很大的声音时，会下意识立刻制止自己的行为，保持环境的安静，随后才会想到这种行为对别人的影响。

2. 形象的道德情感

形象的道德情感是通过对某种道德形象的想象而发生的情感体验。它是与具体的道德形象相联系，通过形象思维发生作用的一种道德情感。如儿童看白雪公主的故事，会引起儿童对白雪公主喜爱同情、对毒皇后厌恶的情感共鸣。

3. 伦理的道德情感

伦理的道德情感是指人们以自己清楚意识到的道德概念、原理和原则为中介的情感体验。它往往是在道德理论基础上产生的自觉的、概括性的情感，具有稳定性、深刻性和持久性等特点，是最高形式的道德情感。爱国主义情感就属于这一类形式，它是和爱父母、爱家乡、爱母校、爱国旗、爱领袖、爱祖国的文化历史和山川地理、爱党、爱人民，对旧社会的厌恶、对敌人的仇恨、对工作的高度责任感等交织在一起的，并在它们的基础上形成的情感。

任务三　掌握幼儿情感的特点

小静是一位刚从师范学校毕业的幼儿教师，这是她人生中第一次迎接幼儿入园。老教师告诉她新生入园是对新教师的极大考验。为了有个好的开始，小静老师精心地准备了玩具、故事及各种游戏等。她自认为经过几年的专业教育、学习，再加上自己的准备，一定可以带给幼儿一个好的开始。可是几天下来，小静感到非常的挫败。小朋友从进幼儿园开始基本都在哭，经常是刚刚哄乖的孩子，一扭头看到其他哭泣的小朋友又开始哭泣。尤其是今天好不容易让小朋友们开始安静地吃饭，一个调皮的小男孩喊了一句："你妈妈不来接你啦！"所有的小朋友又都放声大哭起来，让小静感到焦头烂额。

想一想

　　从家庭到新入幼儿园，小朋友为什么要哭呢？俗话说："六月的天，娃娃的脸——说变就变。"婴幼儿的情绪、情感是非常易变的，那么婴幼儿情感有哪些特点？如果你是小静老师，你该如何做呢？

资料卡一：幼儿情绪的特点

1. 不稳定性

　　婴幼儿期的情绪是非常不稳定的，容易变化，表现为两种对立的情绪在短时间内互相转换。幼儿晚期，孩子情绪的稳定性会逐渐增强。例如，小班幼儿基本没有什么集体概念，而随着年龄的增长，中班幼儿集体观念逐渐增强，而大班幼儿的集体荣誉感就已经很稳定了。

2. 冲动性

　　幼儿的情绪常常处于激动状态，而且来势强烈，不能自制。年龄越小，这种冲动越明显。随着年龄的增长、语言的发展，幼儿逐渐学会接受成人的语言指导，调节控制自己的情绪，5-6岁幼儿情绪的冲动性逐渐降低，情绪调节控制能力逐渐加强。

3. 易感染性

　　幼儿情绪非常容易受周围人情绪的影响。新入托儿所的一个幼儿哭泣着要找妈妈，会引得早已习惯了托儿所生活的幼儿都哭起来。幼儿末期，情绪比较稳定，受感染性逐渐减少，但仍然容易受亲近的人影响，因此，父母和教师在幼儿面前要注意控制自己的不良情绪。

4. 外露性

　　婴儿期的幼儿不能意识到自己情绪的外部表现。他们的情绪完全表露在外，丝毫不加控制和掩饰。例如，想哭就哭，想笑就笑。他们也不认为这有什么不合理。幼儿初期的孩子情绪和情感仍然明显的外露。幼儿晚期，儿童调节情绪的能力已有一定的发展。在正确的教育下，随着幼儿对是非观念的掌握，幼儿对情绪的调节能力会很快发展起来。

资料卡二：情绪、情感在幼儿心理发展中有哪些作用呢？

1. 情绪、情感对幼儿行为的动机作用

　　情绪、情感的动机作用有正反两个方面，积极的情绪、情感可以提高活动的效率，起正向的推动作用；消极的情绪、情感则会降低活动效率，甚至引起不良行为，起着反向的阻碍作用。

2. 情绪、情感对幼儿心理活动的组织作用

　　情绪、情感的组织作用有两种功能：组织功能和破坏功能。积极的情绪、情感对心理活动起协

调组织的作用；消极的情绪、情感对心理活动起破坏作用。

3. 情绪、情感对幼儿性格形成的作用

情绪、情感特征是性格结构的重要组成部分,许多性格特征,如活泼、开朗、忧郁、粗暴等都和情绪、情感有密切关系。

4. 情绪、情感对幼儿生长发育的作用

情绪、情感对幼儿健康的作用包括了正反两个方面:积极健康的情感可以促进幼儿健康的成长,消极的情感则会阻碍幼儿的健康成长。

男女两对双胞胎,男双胞胎由于母亲的拒绝,造成情感剥夺,13个月大时只有7个月大的婴儿水平;而女双胞胎得到母亲正常的抚爱,13个月时发育接近正常。

结合情景呈现中小静老师的亲身感受,再联系以上资料,我们能否了解到经常哭泣会对幼儿产生什么不良的影响呢?

幼儿因为生理和心理发展得不完善,情感发展尚处于低水平阶段,控制自己情感的能力还不完备。而他们从熟悉的家庭步入幼儿园集体生活,面对不同的环境,陌生的人,就会出现不同程度的陌生人焦虑和与亲人分别的分离焦虑,而哭泣是他们宣泄情绪、发泄焦虑的一种手段,作为他们在幼儿园重要引导者的教师需要正确地引导幼儿的情绪、情感,给他们创设丰富的环境和活动内容,正确地帮助幼儿疏导不良情绪、情感,逐步建立积极正确的情感。

帮助儿童学会调节控制情绪

学前儿童积极情感的培养

(1)建立合理的生活制度、创设丰富的生活内容,让孩子处于愉快的情绪之中。

依据幼儿身心发展的特点制定符合其需求的生活制度,有利于幼儿良好行为习惯的建立和他们身心的健康发展,更有助于他们情绪的稳定。为此,我们要尽量丰富幼儿生活,制定合理的生活作息制度。

(2)和谐的家庭生活、良好的情绪示范、科学的教养态度造就婴幼儿的良好情绪。

家庭生活对幼儿的影响非常大,愉快、和谐的家庭氛围有助于婴幼儿良好情感状态的发展;反之,则容易让幼儿产生不良的、负面的情绪、情感。所以为了婴幼儿的健康发展,成人必须建立和谐健康的家庭氛围。

(3)通过文学艺术作品进一步培养孩子的社会情感。

艺术作品深受婴幼儿的喜爱，同时它们又极具感染力。所以，选择适合孩子们的文学艺术作品，对于培养孩子良好的情感有着独到的作用。

（4）正确对待孩子的情绪行为，帮助孩子及时疏导和转移不良情绪。

由于婴幼儿情感发展还不稳定，对情绪的控制能力也较低，此外，社会中不良的影响也容易造成情绪发展不良，这就要求成人必须正确地疏导，帮助幼儿转移不良情绪，这才有助于幼儿良好情感的发展。

一、事例分析

早晨，面包狼皮特准备上学。他把书包整理好，再整理心情。皮特解开衣服，掏出高兴、生气、难过和快乐四种心情。老爷爷做面包狼的时候，帮他做了这些心情。每天带四种心情，真麻烦！皮特想了想，只带上两种好心情，坏心情全留下。心情舒畅的皮特走进教室。三三流着眼泪，告诉皮特："老师生病了。""老师生病了？"皮特嘿嘿笑着。皮皮挤挤眼睛，问："皮特，你是不是讨厌老师？""不是这样的。"皮特很想跟大家一样难过，可是，没带难过的心情呀！他管不住自己的心情，哈哈大笑起来。

1.坏心情

放学回家，面包狼皮特把高兴和快乐掏出来，笑声终于停止了。他摸摸僵硬的脸说："今天带错了心情，傻笑一天，真丢脸！"第二天，皮特把好心情留在家里，带上两种坏心情：生气和难过。教室里，每个同学都是高高兴兴的样子。三三告诉皮特："老师病好了。""老师病好了？"皮特想笑，可是，却呜呜地哭了。皮皮问："你是不是得了神经病？""不要惹我发脾气。"皮特狠狠地说。"我不怕你。"皮皮毫不示弱，露出又细又尖的牙齿。皮特打皮皮一拳，皮皮咬皮特一口。老师走过来："为什么打架？"皮皮气呼呼地说："我估计皮特得了神经病。"皮特哭着告诉大家："我今天只带了坏心情上学。所以，我现在只能难过和生气。"原来是这样，大家都明白了。皮皮向皮特道歉："对不起，我们错怪你了。"老师安慰皮特说："喜怒哀乐各种心情，都是需要的。每天，要记得带齐哟！"

2.控制心情

第三天上学，面包狼皮特把好心情和坏心情全带上。可是什么时候该用什么心情，皮特搞不清楚。来到教室里，老师检查昨天布置的作业。皮特完成了作业，老师很满意："皮特进步了。"皮特小声问三三："现在拿什么心情？"三三指指自己的笑脸。皮特脸上堆满笑容："谢谢老师鼓励。"老师走到皮皮的座位旁边，要皮皮背课文。皮皮结结巴巴，背不出来。老师罚皮皮站起来，大声朗读课文。老师走开了，皮特小声问皮皮："你罚站，我要用什么心情呢？"皮皮说："当然是难过和生气。"皮特拿出难过和生气的心情，一边呜呜地哭，一边大喊大叫："我生气啦！"老师批评皮特："上课时间，

你大喊大叫干什么？"皮特擦着眼泪说："皮皮要我难过和生气。"老师告诉皮特："你自己的心情怎么能交给别人控制呢？你要学会管理你的心情。"皮特点点头："我的心情，我做主。"

3. 整理心情

面包狼皮特试着自己控制心情，一会儿笑，一会儿哭，有时候免不了出错。需要高兴时他不小心掏出生气，需要难过时他不小心掏出快乐，经常弄得大家莫名其妙。皮皮嘲笑皮特："皮特神经有毛病。""你乱说。"皮特想生气，可伸手一掏，拿出的是高兴，马上变得笑嘻嘻的："是啊是啊！"哦，错了。皮特忙把高兴放回去，再掏，掏出难过，哭了起来。哦，也不对。皮特把难过塞回去，又掏，掏出快乐……他掏不出生气，只好暂时不生气了。皮特经常拿错心情，难怪皮皮笑他神经有毛病。这样下去，真的会变成神经病啊！回到小小面包店，老爷爷知道这些事后，想出一个办法。老爷爷给皮特的上衣缝了四个口袋，从左到右，分别放着高兴、生气、难过和快乐四种心情。皮特花了一个小时，牢牢记住各种心情的顺序。从此以后，他需要什么心情，很快就能掏出来啦！

思考：从面包狼的故事中大家得到了哪些启发？结合本节课学到的知识谈谈好的情绪、情感对于我们的重要意义。

二、结合自己的生活经验，谈谈如何培养学前儿童积极乐观的情感

第二节　学前儿童的意志

　　分小组收集有关意志的相关资料以及幼儿与意志相关的行为表现，并以小组为单位提交一份总结，在课前进行交流讨论。

任务一　掌握意志的基本概念与特征

　　在一次家园交流中，中班小朋友涛涛的妈妈苦恼地告诉小刘老师，涛涛太爱动，没有耐心，回家做手工作业时不是中途去看动画片，就是玩玩具，每次都需要催好多次才能和家长一起完成任务。涛涛妈妈非常担心，如果涛涛一直这么没有耐心下去，会不会对他以后的学习产生影响。

想一想

　　涛涛这种现象在幼儿中普遍吗？如果你是小刘老师，你该如何帮助涛涛的妈妈？

知识锦囊

资料卡一：意志基本概念

意志是自觉地确定目的，并根据目的来支配调节自己的行为，克服各种困难，从而实现目的的心理过程。人们为了达到一定的目的，要克服不同种类和程度的困难，遇到的困难的种类和性质不同，意志活动的表现也不尽相同。例如，在某个时间里禁食而克制进食的生理需要。

涛涛妈妈的苦恼是因为涛涛缺乏什么样的心理品质？

资料卡二：意志有哪些基本特征？

1. 明确的目的

意志是人类所特有的高级心理机能。意志不同于其他心理过程的最重要特点，是始终保持着清醒的意识。意志是为实现预定目的而进行的心理过程。为了实现目的而确定行动的方式方法与步骤，始终不渝地按照预定目的去行动，遇到困难仍然不改变预定目的，这就是意志的表现。

> 周恩来从小忧国忧民，当他面对当时内忧外患的祖国时，发誓要"为中华之崛起而读书"，并且一直坚持这个信念，不断地克服各种艰难险阻，终于成为新中国重要的缔造者之一。

2. 意志调节行动

意志表现为人的意识对行动的自觉调节与控制。意志对行动的调节有两种基本表现：一是发动，在于推动人去从事达到预定目的所必需的行动；二是制止，在于制止不符合预定目的的行动。

例如，一位同学有了提高学习成绩的决心，这种决心一方面会促使学生去努力地学习，另一方面又会抑制其他与学习无关的欲望，将不相干的活动降低到最低水平。

3. 克服困难

意志对行动的调节和支配并不都是轻而易举的，常会遇到各种各样的困难，所以意志过程的突出特征就是克服困难。

> 我国古代著名的诗人贾岛，被后世尊称为"诗奴"。他虽然没有李白狂浪不羁的气质，没有杜甫忧国忧民的心境，但是他却用生命践行着"苦吟"精神，他的每句诗每个字都要经过反复的锤炼，力求完美。"两句三年得，一吟双泪流"是对他坚持刻苦的写照。他的坚持不懈也为后世留下了"推敲"的美谈。

贾岛

像情景呈现中涛涛这样的小朋友，我们可以通过他们什么样的表现来判断他们是否具有了良好的意志力？

　　意志往往通过行动来表现。对于成人来说，有些行为比较简单，看似不需要多少的意志努力。但是对于像涛涛这样的学前儿童则不同，由于生理发育和整个心理活动水平的限制，意志处于发展的低级阶段，调节支配自己行为的能力比较低，容易被外界事物吸引，不易克服困难，所以我们不能用成人的视角来看待儿童，应逐步帮助幼儿让他们明确目的，逐渐学会调节自己的行为。

意志行动

　　意志行动分为不随意运动和随意运动。不随意运动是无意发生的不由自主的运动。例如：眼睛受到强光，瞳孔会缩小。随意运动是受意识支配的运动，是实现意志行动的基础。例如：读书、打球。

克服困难

　　克服困难包括了外部困难和内部困难外部困难是由自然条件或社会条件造成的困难。例如：气候、政治、经济等造成的困难。内部困难是人本身具备的不利因素所造成的困难。例如：消极的情绪、性格上的弱点。

任务二　把握意志的心理成分

　　生活就像海洋，只有意志坚强的人，才能到达彼岸。——马克思
　　古者富贵而名磨灭，不可胜记，唯倜傥非常之人称焉。盖文王拘而演《周易》；仲尼厄而作《春秋》；屈原放逐，乃赋《离骚》；左丘失明，厥有《国语》；孙子膑脚，《兵法》修列；不韦迁蜀，世传《吕览》；韩非囚秦，《说难》《孤愤》；《诗》三百篇，大抵圣贤发愤之所为作也。——司马迁《报任安书》

马克思

司马迁

想一想

古往今来凡成功者必要经过种种磨炼，只有拥有强大意志力才能成就一番功绩，那么意志到底是一种怎样的心理状态，它到底包含了哪些具体的心理内容？

知识锦囊

资料卡：意志行动有哪些心理成分？

人的意志行动主要包括了以下几个方面的心理成分：

1. 意志行动中的态度、兴趣

态度是个体对客观事物的一种心理倾向。这种倾向可以分为肯定和否定两个方面。肯定的态度倾向具体表现为同意、接受、亲近等。否定的态度倾向具体表现为反对、拒绝、对抗、敌意等。

兴趣所体现的是一种积极的态度倾向，而且它比一般的肯定态度，具有更为积极的接受倾向。

小事例

徐霞客，中国以旅行为毕生事业的第一人。他幼年好学，博览史籍及图经地志。以"问奇于名山大川"为志，自21岁起出游。30余年间，东涉闽海、西登华山、北及燕晋、南抵云贵、两广，游历了今日的江苏、浙江、山东、河北、山西、陕西等众多地方。他在旅行中备尝艰险，遇盗被劫、绝粮乞食，均未挫其意志。观察所得，按日记载，死后由他人整理成《徐霞客游记》。

2. 意志行动中的需要

需要是有机体内部的某种缺乏和不平衡状态，表现出有机体的生存和发展对于客观条件的依赖性，是有机体活动的积极性源泉。当人需要某种东西时，便会把需要的东西视为必需的。所以它是人们进行活动的基本动力，也是人们产生行为动机的前提。当需要越强烈时，由它所引发的动机也就越强烈，为了实现动机、满足需求，人们的行为也就越坚定。

小事例

西汉宰相匡衡从小因为家贫，没有条件进学堂。他白天到大户人家干活，晚上读书。因没钱买灯油，就只好在土墙上凿一个洞，借隔壁的灯光来读书；甚至到有书的人家去免费帮工换取书本。他经过不懈地刻苦学习，终于在汉元帝时期当上太子少傅。

3. 意志行动中的动机

动机是激发和维持个体进行活动，并导致该活动朝向某一目标的心理倾向。动机是指直接推动个体行为的内部动因和动力。它主要说明人为什么要行动的问题。

小事例

被称为人民科学家的钱学森从少年时代起，就非常热爱祖国。留学美国，他原本已经在科学领域取得了巨大成功。而中华人民共和国成立后，因为强烈的爱国心，他积极要求回国参加建设，却受到美国政府的无理阻挠和迫害。他不畏艰险，5年后终于回到祖国，为我国科学建设作出了杰出贡献。正是由于他强烈的爱国情怀，推动其突破阻碍，回到祖国实现了自己的理想。

钱学森

4. 意志行动中的抱负水平

抱负水平是指个人在做某件实际工作之前估计自己所能达到的目标。它主要来源于个体对自己的评价，而对自我的评价又是来源于过去长期的生活实践，以及在追求各种目标的过程中所获得的成功或失败。

抱负水平对人的意志行动有很强的制约作用，一个人若对成功有强烈的预期会增强对工作的积极性和行动力，相反，若一个人抱有失败的预期，则会降低对工作的积极性和行动力。例如，成绩好的学生，一般会对自己学习方面形成比较高的评价，学习的动力和自制力也比较强。

5. 动机斗争或心理冲突

动机形成的过程较复杂，一般的能够满足个体需要的事物或目标往往并不是一个，这就需要个体

在几个不同的事物或目标之间作出自己的选择，在没有作出最终选择前，便会出现动机斗争或心理冲突。

意志行动中的心理冲突从形式上可分为三类：

（1）双趋冲突。就是对几个目标同时都想要，但又不可以兼得时所产生的矛盾心理。如鱼与熊掌不可兼得。

（2）双避冲突。就是对几个目标都不想要，但又不能都回避、不得不选择其中一个时所形成的矛盾心态。例如，犯了错误时既不想被同学揭发，又不想主动承认错误。

（3）趋避冲突。就是对一个目标既想追求又想回避的矛盾心态。例如，在家里想看电视，但又怕完不成家庭作业。

6. 意志行动中的选择与决策

在意志活动要作选择和决策时，我们必须做到以下几个方面：

（1）确定行动的目的。确定目的在意志行动中非常重要。是否在动机斗争后树立正确的行动目的，就表现了一个人的意志力量。

（2）选择达到目的的行为和方式。目标确定后，就要解决该如何实现目的的问题了，也就是要确定实现目的的行为方式。

（3）作出实现意志行动的决定。意志行动最终必须通过行动才能表现出来，人在态度、兴趣的引导下，经过了动机斗争、确定目的、选择方式方法，然后就要作出实现意志行动的决定了。

7. 意志行动的实现

当决定作出以后，实现作出的决定就成了意志行动的关键。如果不在行动中实现，那么动机再高，目的再好，方式方法再完善，也只能是主观的愿望，只是停留在头脑中的活动，只有付诸行动作出意志努力，意志行动才算完成。

学生要想取得好成绩，只凭主观的想象是不够的，还必须在上课时认真听讲，课后及时复习，遵守纪律，只有做出行为努力才能实现目的。

8. 意志行动中的意志品质

构成意志力的稳定因素称为意志品质。人的意志品质存在着很大的个别差异。意志品质是衡量一个人意志坚强与否的尺度。意志品质主要有以下几个方面：

（1）独立性。是指一个人在行动中具有明确的目的，不屈从于周围人的压力，按照自己的信念、知识和行为方式行动的品质。与独立性相反的品质是易受暗示性和独断性。

（2）果断性。是指一个人善于明辨是非，迅速而合理地采取决定和执行决定的品质。与果断性相反的意志品质是优柔寡断和草率决定。

（3）坚韧性。是指一个人能长期保持充沛的精力，战胜各种困难，不屈不挠地向既定目标前进的品质。与坚韧性相反的意志品质是顽固执拗和见异思迁。

（4）自制性。是指一个人善于控制和支配自己行动的品质。与自制性相反的意志品质是任性和怯懦。

试分析情景呈现中提到了那些杰出人物，他们在追随理想的过程中表现出了哪些比较鲜明的意志成分？

世上没有随随便便的成功，想要拥有一番功绩，就必须付出相应的汗水和努力，克服所要经历的所有艰难险阻，这就要求必须有强大的意志力。而意志力是一种复杂的心理过程，态度、兴趣、需要、抱负水平、动机、动机斗争、选择和决策、行动以及意志品质都是意志不可或缺的组成部分，它们相辅相成、相互制约，都不同程度地对意志行动的发展起着重要作用。

意志行动的心理过程主要分为两个阶段：采取决定阶段和执行决定阶段。

采取决定阶段，是意志行动的初始阶段，也是内部决策阶段。这个阶段虽然在意志行动实现过程中不易被觉察，但却对具体行动的发动和活动目的的实现有极其重要的作用。

执行决定阶段，在一系列内部决策完成之后，意志行动的下一步就在于执行所作出的决定。因为即使动机再高尚，行动目的再明确，方法和手段再完善，如果不去采取实际行动，这一切也只是空中楼阁，毫无意义。因此，执行决定阶段是意志行动的关键阶段。

任务三　掌握幼儿意志的特点及培养

司马光警枕励志

司马光小时候是个贪玩贪睡的孩子，为此他没少受先生的责罚和同伴的嘲笑。在先生的谆谆教诲下，司马光决定改掉贪玩贪睡的坏毛病。为了能早早起床，他睡觉前喝了满满一肚子的水，结果早上非但没有憋醒，反而尿了床。于是聪明的司马光一计不成又生一计，他找人用圆木头做了一个警枕，早上一翻身，头就会滑落在床板上，自然就惊醒了。从此，他天天早早地起床读书，坚持不懈，终于成为一个学识渊博并写出了《资治通鉴》的大文豪。

司马光

想一想

幼儿贪玩贪睡在所难免，那么幼儿意志发展有哪些特点？又该如何像司马光一样培养意志力呢？

资料卡一：学前儿童意志行动什么时候开始萌芽？

由于儿童行动自觉意识性的发展要经过比较长的过程，所以在整个学前期，儿童的意志行动只是处于比较低级的阶段。

8个月左右有意性的发展出现了较大质变，可以说是意志行动的萌芽。这时候的儿童能够坚持指向一个指标，并且用一定努力去排除障碍。例如，婴儿看见一个物体，因隔着一个坐垫而拿不到手时，他会作出一定努力去挪开那个坐垫，把东西拿到手。

1岁以后，在儿童的动作中，意志行动的特征更为明显。例如，当物体在毯子上离儿童较远时，儿童拿不到手，他试图直接取得而又失败后，偶尔抓住了毯子一角，于是似乎发现了毯子的运动同物体运动之间的关系，便逐渐开始拖动毯子，使毯子移近自己，然后将物体拿到手。

才能卓越的司马光也不是生来就会控制自己的行为的，那么幼儿是什么时候开始有自己的意志行为的？

资料卡二：学前儿童意志发展有哪些特点呢？

由于意志包括了兴趣、需要等众多的心理成分，所以我们从学前儿童意志中比较明显的一些成分来探讨他们意志力的发展。

1. 学前儿童需要发展的特点

学前儿童需要的发展显现不同的个性特点：

（1）开始形成多层次、多维度的整体结构。随着幼儿身心的不断发展，幼儿的需要也在不断地增长。他们的需要从最初的生理与安全的需要，到后来随年龄的增长逐步增加了交往、尊重、学习等社会性需要。

层次 等级	生理与物质生活	安全与保障	交往与友爱	游戏活动	求知活动	尊重与自尊	利他行为
1	吃、喝、睡等	人身安全	母爱	游戏	听、讲故事	信任、自尊	劳动
2	智力玩具	躲避羞辱	友情	文娱活动	学习知识	求成	助人

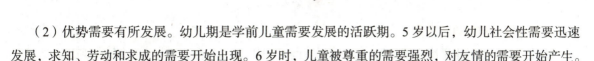

（2）优势需要有所发展。幼儿期是学前儿童需要发展的活跃期。5 岁以后，幼儿社会性需要迅速发展，求知、劳动和求成的需要开始出现。6 岁时，儿童被尊重的需要强烈，对友情的需要开始产生。

2.学前儿童动机发展的特点

幼儿活动动机发展的特点主要表现在以下几个方面：

（1）从动机互不相干到形成动机之间的主从关系。

（2）从直接近景动机占优势发展到间接远景动机占优势。

（3）从外部动机占优势发展到内部动机占优势。

3.学前儿童自觉行动目的发展的特点

时期	发展特点
幼儿初期	行动往往缺乏明确的目的，行动带有很大的冲动性
幼儿中期	儿童的行动目的逐渐形成
幼儿末期	儿童已经能够提出比较明确的行动目的

4.学前儿童坚持性的发展

坚持性也被称为持久性，是指在比较长的时间内连续地、自觉地按照既定目的去行动。行动过程中的坚持性，是学前儿童意志发展的主要指标。

1.5 ~ 2 岁是学前儿童持久性的萌芽时期。然而 3 岁前幼儿坚持性发展的水平是很低的，坚持性发展明显质变的年龄在 4 ~ 5 岁，这也是幼儿坚持性发展的关键年龄。

从资料中我们能了解到幼儿为什么像小时候的司马光那样贪玩贪睡吗？

资料卡三：学前儿童意志该如何培养呢？

1.培养孩子的良好兴趣

兴趣是激发活动动机的重要手段。然而幼儿的兴趣不是天生的，是需要后天慢慢培养的，而且在一定条件的影响下是逐渐发展变化的，所以成人要随时注意幼儿兴趣的发展趋势，及时地进行引导。

2.鼓励和增强孩子的自信心

增强幼儿的自信心，是孩子发展意志行动的有效内部力量。当孩子获得进步时，所获得的成功感可以使他们增强自信心。当幼儿活动失败时则需要成人的支持和鼓励，这样有助于幼儿增强信心，完成任务。

3.启发自我锻炼

只有在实践活动中不断地加强锻炼，才能培养优良的意志品质。这就要求人们要不断地进行自我鼓励和监督管理。只有做到严于律己，努力克服困难，才能有效地培养良好的意志品质。所以我们就必须要根据幼儿的特点，通过做游戏、讲故事、阅读等各种方式，给孩子们树立典型的榜样，促进他们的自我锻炼。

4. 鼓励孩子做好每一件事

幼儿的身心发展水平决定了他们行动的目的性和计划性不是很强，容易半途而废。所以，为了培养他们的意志品质，我们要鼓励孩子们有始有终地做好每一件事。这是锻炼幼儿意志发展的有效手段。

5. 通过实践锻炼孩子的意志

意志往往需要通过实践才能表现出来，所以实践活动对锻炼幼儿的意志品质也有非常重要的促进作用。在实践活动中幼儿会遇到各种各样的困难，能否克服困难其实就是对孩子的意志考验。

6. 制定切实可行的目标，帮助孩子实现目标

良好的目标可以更好地引导幼儿的行为，所以为了锻炼幼儿的意志，我们需要帮助他们制定切实可行的目标计划。但是在制定目标时，我们应该充分地估计任务的难度和幼儿的能力。在制定目标时最好与幼儿商量，让幼儿真心去接受，这样有助于他们做好应对困难的准备。

作为一名幼儿教师，你认为哪些方法有助于培养像司马光小时候那样贪玩贪睡的孩子的意志呢？

学前儿童意志行动尚处于萌芽阶段，意志发展处在起步阶段，所以意志水平比较低，对自己的需求不明确，动机不完善，容易被吸引，克服困难的能力较低，坚持持久性也有待提高。所以，要想培养锻炼幼儿的意志力，我们必须不断培养幼儿的兴趣，帮助他们明确目标，增强他们的信心，让幼儿在不断地锻炼中提升他们的意志力。

1. 幼儿坚持性的培养

（1）帮助幼儿明确和确定活动目的。

（2）教给幼儿一定的技能技巧。

（3）在劳动、游戏、学习等活动中培养幼儿的坚持性。

2. 幼儿自制力的培养

（1）为幼儿建立合理的作息制度。

（2）使幼儿明确行动规则。

（3）不迁就幼儿无理、缺乏自制的行为。

一、知识应用

李白——铁杵成针

祖逖——闻鸡起舞

匡衡——凿壁借光

孙康——映雪夜读

勾践——卧薪尝胆

思考：大家了解这些成语故事吗？这些成语故事有什么共同的特点？

二、通过学习我们了解了意志品质的培养，请同学们为自己制定一个小目标，来锻炼一下自己的意志力吧

第五单元 学前儿童个性的发展（上）

学习目标 ◀

1. 理解个性的概念，掌握个性的结构、基本特征及个性的形成。
2. 掌握学前儿童个性品质的培养方法。
3. 理解需要的含义、种类及发展特点。
4. 满足幼儿各种需要，促进发展。
5. 理解兴趣的概念及种类，并了解学前儿童兴趣的特点。
6. 掌握学前儿童兴趣的培养方法。
7. 理解自我意识的基本概念，把握自我意识的主要成分。
8. 了解学前儿童自我意识的发展特点，把握学前儿童自我意识的培养方法。

第一节　个性概述

在小组内各成员以抽签的方式两两配对，先说说对方的个性特点，再进行自我描述，看看每个人认识的"自己"和别人眼中的"你"有没有不同，时间控制在5分钟以内。

任务一　了解个性及其基本特征

情景一：

煊煊是我班一个很调皮的男孩，平时他的表现就很"突出"，一直笑嘻嘻的。如果有老师批评他，他就会一脸无所谓的样子，好像批评的不是他，过一会老毛病就又犯了。经常有孩子过来告他的状，因此有一些幼儿就不喜欢跟他一起玩。

镜头一：在集体活动时，孩子们都按老师的要求在动手操作，煊煊却像疯了似的满教室到处跑，还破坏其他孩子的操作成果。

镜头二：班里一位小朋友带来了一个熊宝宝的玩具，煊煊非常想玩，但是由于很多孩子都不愿意和他一起玩，他只好一个人坐在旁边。等了一会儿，他有点等不及了，就伸手一把抢过来，结果把熊宝宝玩具扯坏了。带玩具的小朋友气愤地嚷他："你

干什么呀？我不给你玩了！"

　　镜头三：吃点心的时间到了，小朋友一个个排好队在做着吃点心前的准备工作——洗手。只见煊煊一个人在旁边满地打滚，要不是老师及时制止，他还会一直打滚。

　　情景二：

　　5岁的小丽性格文静，胆小、害羞，平时言语不多，喜欢一个人在房间里唱歌；在人多的场合，她总是一个人自己独自玩耍。

　　镜头一：邻居家小刚到小丽家玩，大方地唱了好几首歌曲。妈妈让小丽也唱一首，可小丽扭捏地拒绝说："我不行，我不会唱歌！老师说我唱歌不好听。"任凭妈妈怎么鼓励都不行。

　　镜头二：在集体活动时，老师组织小朋友们进行游戏，小朋友们纷纷踊跃参加到游戏中来。小丽也想玩游戏，可是她不知道该怎么说，只是静静地站在一旁，看着其他小朋友们玩。

　　镜头三：没人的时候，小丽一个人在家，她自己玩着玩具，自言自语地讲着故事，玩得不亦乐乎。

想一想

　　俗话说"一百个孩子一百个样"，上述情景中的煊煊和小丽的个性行为表现就截然不同。请同学们结合生活实际及以下资料对煊煊和小丽的个性行为进行简要的分析，并以小组讨论的形式完成任务并展示各组的分析结果。

 知识锦囊

资料卡一：你知道什么是个性吗？

"个性"一词的起源

　　个性一词来源于拉丁语 persona，原意指希腊、罗马时代戏剧演员在舞台上戴的面具，它代表剧中人的身份，后来引申为演员在舞台上所扮演的角色。心理学家们沿用其含义，代指一个人在人生

舞台上，在他的行为模式中表现出来的内心活动。

现代心理学所谓的个性是指一个人的精神面貌，即个体在一定社会条件下形成的具有一定倾向性的、比较稳定的心理特征的总和。人与人之间个性的差异主要表现在每个人待人接物的态度、言行举止中，行为表现更能反映一个人真实的个性。

人们常说"这个人很有个性"，指的就是这个人与众不同。

情景呈现中煊煊和小丽在不同镜头下的行为表现有较大的变化吗？为什么？

资料卡二：个性的基本特征都包括哪些呢？

1. 个性的独特性

个性的独特性是指人与人之间没有完全相同的，人的个性是千差万别的。例如，在我们的现实生活中，你很难发现两个完全一样的人。当然我们说每个人的个性会有差异，但并不是说人与人之间没有相似点、共同点。在同一年龄段的人身上也会有一些相似的典型特点，如幼儿期的儿童有一些明显的共同特征：好动、好奇心强等。从这个意义上来说，个性也是独特性和共同性的统一。

2. 个性的整体性

个性是一个统一的整体结构，是由各个密切联系的成分所构成的多层次、多水平的统一体。在这个整体中各成分相互影响、相互依存，使每个人的行为的各个方面都体现出统一的特征，这就是个性的整体性。

小事例

　　一个脾气急的人，往往表现出动作快、吃饭急，做事时喜欢一口气干完，与人相处时也易冲动等特点；一个有开拓性、创造性的人往往会表现出不安于现状、爱动脑筋、有主见等特点。因此，从一个人行为的一个方面往往可以看到他的个性，这就是个性整体性的具体表现。

3. 个性的稳定性

我们说个性是一个人在一定条件下形成的具有一定倾向性和稳定的个人心理特征，而那些一个人暂时地、偶然地表现出来的心理上的特征不是个性特征，只有那些比较稳定的、经常表现出来的心理倾向和心理特征才是一个人的个性特征。例如，一个处事谨慎的人，经常循规蹈矩，处事稳重。个性具有稳定性，但不是绝对的，也不是一成不变的，它会受到后天环境、教育的影响。所以，个性还是稳定性和可变性的统一。

小事例

　　一名性格内向的大学生，在各种不同的场合都会表现出沉默寡言的特点，这种特点从入学到毕业都不会有很大的变化。

4. 个性的社会性

人生活在社会当中，人的本质也是一切社会关系的总和。在人的个性形成、发展中，人的个性的本质方面是由人的社会关系决定的，如一个人的世界观、人生观、价值观的形成，是和他所生活的社会环境及其所受的教育密不可分的。

资料卡三：个性的结构都包括哪些成分？

个性的结构主要包括自我意识、个性倾向性和个性心理特征三种成分。

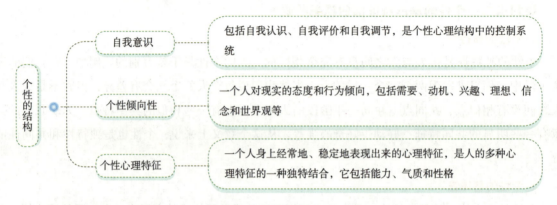

情景呈现中煊煊和小丽的行为表现出自己怎样的想法和行为倾向呢？

在日常生活中，每个人都是独特的，都有自己独特的个性特点，世界上也绝对没有两个完全一样的人。在情景中我们可以看出：煊煊生性比较调皮，活泼好动，好奇心也比较强，性格偏外向；而小丽文静、胆小、害羞、不善言辞，性格则偏内向。煊煊和小丽的这种个性特征不是一时形成的，而是在一定的社会环境中，受家庭和教育的影响而逐渐形成的。

影响学前儿童个性形成与发展的因素

无论学前儿童个性的整体结构，还是个性某方面的特质，都是在遗传与环境两个因素的交互作用下，逐渐形成和发展的。

1. 先天遗传的影响

关于遗传对个性的影响，科学家很早就进行了研究，并得出了相似的结论。例如，高尔顿采用家谱研究法，调查了父母具有艺术才能的30个家庭，从中发现，在这些家庭的子女中，绝大多数的孩子都性格豪放，能歌善舞，并且有64%的子女在后天的学习中表现出较高的艺术天赋。一项关于新生儿的研究也发现，个性的形成与发展在人生早期就有所体现，

例如，有的新生儿在出生后不久就特别活跃，注意力容易分散，喜欢接受新的物体；而有的新生儿则表现特别安静，能持续注意某项活动，害怕新事物。

2. 后天环境的影响

儿童的个性是在学习他所在的社会环境中人们的生活习惯、技能、行为规范和价值体系，并取得社会生活的适应的过程中形成的。换句话说，儿童个性形成的过程是在一定的社会文化背景下，通过与环境的相互作用，由自然人转化为能参与社会生活，担负起一定角色的社会人的过程。综合来看，后天环境主要通过家庭、学校、社会对儿童个性产生影响。

任务二　把握学前儿童个性的形成和培养

出生在富裕家庭的瑶瑶，刚刚出生不久，总是时不时地就哇哇大哭起来。年轻的瑶瑶妈妈面对哭闹的孩子，自己也没有经验，一时不知道该怎么办，时常还会吼叫打骂孩子。伴随着孩子成长，瑶瑶渐渐地会说话了，但是生性顽皮，十分任性，妈妈说什么她总是不听。在两三岁的时候瑶瑶经常说"这是我的……"，不让别人动她的东西。
等瑶瑶开始上幼儿园以后，更是让她的妈妈头疼：瑶瑶总是在幼儿园和别的小孩发生争执，或是因为一件玩具，或是因为别人不听瑶瑶的……瑶瑶的妈妈真是不知道该怎样教育自己的孩子了。

资料卡一：学前儿童的个性是如何形成的？

一个人在与外界事物接触的过程中，会产生一定的心理过程，但是由于每个人先天素质的不同，以及后天环境的差异，对同一事物可能产生不同的体验，最终也就形成了个体相对稳定的心理特点，也就是个性。然而，每个人的个性都有一个形成和发展的过程，学前儿童更是如此。

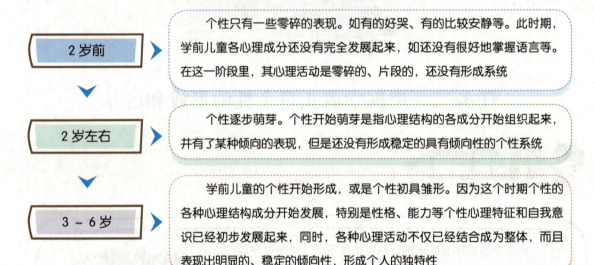

2 岁前 ▶ 个性只有一些零碎的表现。如有的好哭、有的比较安静等。此时期，学前儿童各心理成分还没有完全发展起来，如还没有很好地掌握语言等。在这一阶段里，其心理活动是零碎的、片段的，还没有形成系统

2 岁左右 ▶ 个性逐步萌芽。个性开始萌芽是指心理结构的各成分开始组织起来，并有了某种倾向的表现，但是还没有形成稳定的具有倾向性的个性系统

3～6 岁 ▶ 学前儿童的个性开始形成，或是个性初具雏形。因为这个时期个性的各种心理结构成分开始发展，特别是性格、能力等个性心理特征和自我意识已经初步发展起来，同时，各种心理活动不仅已经结合成为整体，而且表现出明显的、稳定的倾向性，形成个人的独特性

随着年龄的增长，情景呈现中的瑶瑶的个性行为发生了怎样的变化？

资料卡二：幼儿良好个性品质的培养

（1）在丰富多彩的活动中，培养幼儿良好的个性品质。

（2）建立亲密、民主、和谐的师生关系，是培养幼儿良好个性的基石。

（3）创设一个好的环境，培养儿童良好的个性品质。

（4）培养幼儿活泼、开朗、乐观的性格。

（5）因材施教，促进每个幼儿个性的发展。

（6）家园配合，培养幼儿良好的个性。

　　瑶瑶随着年龄的增长，在家庭环境的影响下，在日常生活中表现出生性顽皮、任性、以自我为中心的行为倾向，具有独特特点的个性行为初具雏形。

　　孩子的成长离不开家庭的教育，家庭的经济条件、父母的教育观念及家庭教养方式会影响孩子个性品质的形成。作为家长，首先，要树立正确的教育观念和科学民主的教养方式，在关爱、和谐的家庭氛围中引导孩子健康成长；其次，言传身教，树立良好的榜样作用；最后，争取与学校的沟通与配合，在活动与游戏中培养孩子良好的个性。

个性的重要作用

1. 个性在人的心理活动中的作用

　　个性对一个人的心理活动有巨大的影响，可以说，人的绝大部分心理活动都是由个性决定和支配的。一个人做什么，不做什么，怎么做，就是个性决定的。

2. 个性在实践活动中的作用

　　个性影响个体活动的动力、种类、过程、方式和结果。

　　英国心理学家特尔曼对智力相等的 800 名男性中最有成就感的 20% 和最没有成就的 20% 进行心理测验，结果发现他们最大的差别是意志力。于是，他说："坚强的意志比聪明更重要。"

　　总之，个性贯穿着人的一生，影响着人的一生。正是人的个性倾向性中所包含的需要、动机、理想、信念和世界观，指引着人生的方向、人生的目标和人生的道路；正是人的个性特征中所包含的气质、性格、兴趣和能力，影响和决定着人生的风貌、人生的事业和人生的命运。

小试牛刀

　　冯毅，幼儿园中班的小朋友，他性格活泼开朗。

　　在幼儿园里，有个简单的模仿游戏很受孩子们的欢迎，那就是——教师："请你跟我这样做……"幼儿："我就跟你这样做……"有一天，老师正带着孩子们玩这个游戏，其他小朋友都跟着老师做相同的动作。可是冯毅突然站起来说："老师，我不想像你那样做！我想和老师做不一样的动作。"小朋友们都大吃一惊。

　　思考：请就以上材料，简要分析冯毅小朋友的个性特点。

第二节　学前儿童的需要

个人搜集心理学中有关需要的资料，分小组探讨有机生物（动植物和人类）生存都需要什么，以课前报告的形式展示。

任务一　了解人类生存的需要

　　某小组几个成员在讨论人和动物的相同与不同之处，A 同学说人是高级动物，虽然和其他动物一样都需要吃喝拉撒，但是人的高级之处就是能思考，有感情。B 同学说人和动物最大的不同就是人能创造文明。还有同学七嘴八舌地说人有复杂的语言，人有比动物复杂的人际交往等等。还有同学用北京建筑物鸟巢和鸟儿的巢拿来对比其趣味关系。

想一想

看上图鸟窝和建筑物鸟巢，有哪些相同与不同之处？结合以下资料与背景知识分析人和动物到底有哪些相同和不同的地方。

资料卡一：你知道心理学中什么是需要吗？

需要是一个人对生理和社会的需求的反映。通俗地说就是个体在生活中感到某种欠缺而力求获得满足的一种内心状态，是有机体对自身或外部生活条件的要求在头脑的反映。

需要一般可以从以下两个方面进行分类。

1. 根据需要的起源分类

从需要的起源来看，可以分为生物性需要和社会性需要。

生物性需要（也叫生理性需要）是与维持个体的正常生命活动和延续种族有关的需要，它包括饮食、运动、休息、睡眠、排泄、配偶、嗣后等需要。这些需要主要由机体内部某些生理不平衡状态所引起，对有机体维持生命、延续后代有重要意义。人和动物都有生物性需要，但需要的具体内容不同，满足需要的对象和手段也不一样。

比如，人需要新鲜空气，人们不仅可以在大自然中获取，也可以通过使用空调设备或空气净化器等现代化的技术手段来满足。

社会性需要是人们特有的需要，是后天习得的、与人的社会生活相联系的高级需要。如劳动的需要、交往的需要、归属的需要、美的需要等都是人类生活中所必需的，这些需要如果得不到满足，虽说不像生物需要那样得不到满足就会导致死亡，但也会引起痛苦、沮丧和焦虑等情绪，甚至会引发疾病。同时，这种需要比较内在，往往隐藏于一个人的内心世界，不易被别人所觉察。它受到个体所处的文化背景、社会风俗以及经验的影响。因而表现出不同的社会特征、阶级特征、民族特征和个性特征。例如，中国人男女之间的交往需要受着中国儒家思想的影响，带有民族色彩，不像西方那样开放。

2. 根据需要的对象分类

根据需要的对象，可以分为物质需要和精神需要。

物质需要主要指个体对衣、食、住、行的社会物质生活条件的需要，这种需要是人们生存的基础。个体这种需要指向社会的物质产品，并且以占有这些产品来获得满足。例如，对工作和劳动条件的需要，对日常生活必需品的需要，对住房和交通条件的需要等。

精神需要主要指个体对社会精神生活及其产品的需要，如爱的需要、求知需要、交往需要、审美需要、成就需要等。人们对事业理想的追求、知识的渴求、艺术的欣赏、爱的追求等表现也都是精神需要。

美国著名的人本主义心理学家马斯洛认为，人的一切行为都是由需要引起的，他在1943年出版的《调动人的积极性的理论》一书中提出了著名的"需要层次论"。马斯洛把人的多种多样的需要归纳为五大类，并按照它们发生的先后次序分为五个等级。

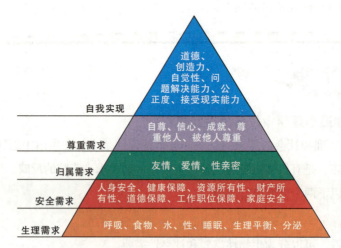

马斯洛需要层次理论根据人们需要的先后及强弱顺序，将需求分为五个层次，这五个层次由低到高分别是：生理需要，一个人能够维持生存状态的最基本的需要，如生活中的吃、喝、睡眠、休息等需要。安全需要，一个人对身边环境的稳定、安全的需要，知道自己是被保护的，从而不会过分焦虑、恐惧，获得安全感的需要。归属和爱的需要，一个人渴望自己被集体认可、尊敬、接纳、关爱、支持等的心理需要。尊重需要，一个人能够得到他人的尊重，也有能力自我尊重的需要。自我实现需要，一个人对成功的渴望，充分体现个人价值，发挥价值的需要。

简单来说，如果一个人同时忍受饥饿，没有安全感，也得不到爱和尊重，这种情况下，他对食物的渴求是最强烈的，其他的需求可以暂时忽略不计。因此，在这个人的意识里，如何能够获得食物才是当下最重要的。当一个人的生理需要得到满足时，才会产生更高层次的需要。

从上述资料我们可以看出，人和动物在维持生存上有共同的基本需要，就是生物性需要，比如饮食、睡眠、嗣后等，根本的不同之处就是人类还有高级的社会性需要，如求知需要、交往需要、劳动需要、成就需要、审美需要等。

同样是鸟巢，鸟类的窝则仅仅是满足生存需要的简陋的设备，谈不上牢固与审美或文明，而建筑师从仿生学的角度创造的建筑物"鸟巢"，则包含建筑师的审美与思想观念在里面，不仅有实用价值，还有审美价值在里面，体现了人类高度的文明与建筑设计水平，是人类高层次的需要的表现。

物质需要和精神需要哪个更重要？

物质决定意识，意识是客观存在的反映，离开了客观存在，意识既不能产生也不能发展。精神需要属于意识，人的意识一开始就是社会的产物，它是伴随着劳动和人类社会一起产生的。所以物质需要更基础些，有了物质需要的基本满足，才有精神需要的出现，层次越低的需要力量越强，它们能否得到满足直接关系到个体的生存。因此满足人类的食物、阳光、空气等必需的这些需要也被称为缺失性需要（Deficiency Needs），没有这些需要的满足，人类的生存就成了问题。

但是，作为高度文明的人类，我们仅仅满足物质需要是不够的，还需要更高层次的精神需要来提升我们的生活和心灵，当所有较低层次的需要都得到持续不断地满足时，人们才受到自我实现的需要的支配。因此精神需要也称为成长性需要（Growth Needs）。两种需要对我们都很重要，物质需要是精神需要的基础，精神需要是物质需要的提升。我们既不能离开物质空谈精神，否则就是虚无主义；也不能抛开精神一味地追求物质，否则就是拜金主义，只偏重某一方面，不仅在认识上是片面的，在后果上也是极为有害的。

任务二　掌握学前儿童需要的特点

> 明明是大班幼儿，妈妈对他百般宠爱，想要什么物质方面的东西都全满足他。为了不让孩子输在起跑线上，妈妈早早就给他报了很多辅导班和特长班。为了不耽误学习，妈妈不让明明和其他小朋友玩耍和交往，怕浪费时间，感觉不如在家学习有用。

想一想

请结合生活经验和以下资料分析明明妈妈的做法是否有利于孩子的健康发展。

资料卡：幼儿需要发展的特点

1. 幼儿需要存在年龄差异和个别差异

3～4岁幼儿的需要从满足生理性需要向满足社会性需要过渡。例如，刚入园的小班幼儿非常喜欢身体接触，愿意老师牵着他们的手，喜欢搂着老师，让老师摸一摸、亲一亲等，这样才会比较满足和愉悦，否则会觉得被冷落，老师不爱他。

在中大班幼儿中，社会性需要的比例越来越大。幼儿非常希望被人注意、重视和关爱，有了交往和尊重等的需要。与人交往的社会性需要是否得到满足，人际关系如何，直接影响幼儿的情绪和身心健康发展。每个幼儿受多方面的影响，他们各自的需要也有个别差异，性别不同，各种需要与程度也有不同，教育者要因人而异。因此，5岁是幼儿需要发展的关键期。要求教师和家长在满足幼儿基本的生理需要的基础上，多关注幼儿与人交往、关注和尊重等各方面社会性的需要。

2. 幼儿社会性需要的多样性

幼儿的社会性需要多种多样，交往需要、认知需要和劳动需要等是人类最基本的社会性需要；幼儿还有游戏、探索、劳动、被关注和受尊重等各种需要，家长和教师要尊重幼儿的这些多样性的需要，不要只偏重某一方面或某些方面而忽视其他方面的需要，以有利于幼儿全面健康和谐地发展。

现实社会中，很多孩子每天都背着沉重的书包，甚至拉着拉杆箱上学，你认为这样的做法对儿童好吗？你有什么看法和建议？

三四岁的儿童维持生存的生理性的需要是幼儿的基本需要，五六岁幼儿的需要则发生较大的变化，需要的层次在不断提高，社会性需要逐渐加强，大班正是幼儿的生物性需要和物质需要向社会性需要和精神需要转化的关键期。明明的妈妈不允许孩子与人交往，一味地满足物质方面的需要，忽视了孩子社会性需要和精神需要，其认识是片面的。长此以往，结果也不利于甚至是有害于孩子的全面和健康发展，明明妈妈应该满足孩子游戏与交往的需要，鼓励幼儿自主探索，满足孩子的各种社会性需要。

成人如何理解并满足幼儿的各种需要：

（1）关爱幼儿，满足幼儿渴望被爱的心理需要。

（2）尽量给幼儿创造成功的机会，满足他们成就的需要。

（3）给幼儿创设一个宽松和谐的精神环境，满足幼儿心理的安全需要。

（4）给幼儿多点自由活动的时间，满足幼儿自主活动的需要。

总之，我们应努力满足幼儿各项合理的心理需要，而不应使之压抑，以便更好地促进幼儿的心理健康发展。

实地考察，关注你身边的幼儿园各方面设置和教师行为是否满足幼儿的各种需要。

第三节 学前儿童的兴趣

　　搜集学前儿童在日常生活中最感兴趣的事物，以小组为单位整理资料，并以电子幻灯片的形式在课堂上进行演示分享，时间控制在5分钟以内。

任务　正确看待儿童的善变

　　一天下午，李老师对小朋友们说："小朋友们，老师带你们去外面玩游戏好不好？"小朋友们都高兴地说："好！好！太好了。"有的小朋友还说："我最喜欢玩游戏了！"小朋友们高兴地又蹦又跳，流露出了对游戏的极大兴趣。出去之后，当李老师把游戏场地布置好，准备叫孩子们做游戏时，却发现有一群孩子围成一团兴奋地讲着什么事。李老师不停地喊叫："快过来，快过来，游戏要开始了……"孩子们好像没有听见一样，还在一旁说着。李老师悄悄地走过去一看，原来他们正围着一只蜗牛说笑着。于是，其他孩子们也开始了观察蜗牛的活动。李老师站在那里，听着小朋友的讨论。过了一会儿，涵涵发现了李老师，高兴地说："老师，你看，这是我发现的蜗牛。老师，蜗牛为什么会背着壳呢？"

想一想

　　小朋友们不是对玩游戏很感兴趣吗，为什么后来对蜗牛产生了兴趣？如果你是这位老师，面对这种情况该怎么办？请结合日常生活中的经验及以下资料对幼儿园小朋友的行为进行分析，以小组为单位提交思考结论。

 知识锦囊

资料卡一：你知道什么是兴趣吗？

　　兴趣是力求探究某种事物或从事某种活动的心理倾向。它使人对某些事物给予优先注意，积极地探索，并带有积极的情绪色彩。

　　对体育感兴趣的人，总是对体育方面的信息优先关注。

　　情景呈现中的小朋友们开始对什么感兴趣？后来又对什么感兴趣？

资料卡二：你知道兴趣是怎么分类的吗？

1. 根据兴趣的内容分类

兴趣

兴趣 ——

　　物质兴趣：是由物质需要所引起的兴趣，表现为对衣食住行等物质生活环境、生活条件和生活用品的兴趣。如有人喜欢买各式各样的新衣服

　　精神兴趣：是由精神需要所引起的兴趣，表现为对精神财富的渴望。如人们对学习、研究等活动的兴趣

2. 根据兴趣的倾向性分类

兴趣 ——

　　直接兴趣：是指对事物或活动本身的兴趣。如人们对体育活动、看电视、舞蹈等活动的兴趣

　　间接兴趣：是指对某种事物或活动本身并不感兴趣，但是对事物或活动带来的结果或意义感兴趣。

　　情景中的小朋友对什么感兴趣呢？

资料卡三：你知道学前儿童兴趣的特点吗？

1. 幼儿的兴趣比较广泛

幼儿渴望认识世界，喜欢和人交往，对周围的事物和各种活动表现了广泛的兴趣。例如，幼儿一般喜欢小动物和各种花草树木，对雨露雾雪等自然现象也很有兴趣，甚至对一根棍子、一个瓶盖都充满兴趣。在幼儿的多种兴趣中，对游戏的兴趣占主导地位，对因果关系的求知兴趣发展迅速，特别喜欢问"是什么""为什么"等问题，喜欢拆卸物体，进行探究活动。

2. 幼儿兴趣表现出个别差异、年龄差异和性别差异

各个幼儿受环境、教育、生活经验、自身素质等多种因素的影响，对各种事物的喜好以及喜好程度常不相同，幼儿的兴趣已经表现出个别差异。另外，不同年龄阶段的孩子兴趣也存在差异。男孩儿和女孩的兴趣也不同，男孩一般比较喜欢小汽车，女孩儿则比较喜欢洋娃娃。

3. 幼儿多直接兴趣

幼儿多直接兴趣，即对当前的事物或活动过程感兴趣。只有年龄较大的一些幼儿才对比较遥远的事物或活动的结果发生间接兴趣。例如：大班幼儿为了在文艺表演中赢得荣誉，虽然不喜欢枯燥乏味的反复练习，却乐于背诵一篇长达几十句的快板词。

4. 幼儿兴趣比较肤浅，容易变化

幼儿由于知识经验和心理能力的限制，不会深入事物的本质。他们的兴趣往往由客体的鲜艳悦目的颜色、新颖多变的外形等引起，因而比较肤浅。经过多次接触，这些客体的外部特点失去了吸引力，幼儿的兴趣也就低落或完全消失了，总之，幼儿的兴趣不易稳定和保持。

5. 幼儿兴趣也可能表现出不良指向

幼儿的兴趣一般表现出良好的指向性，但也有些幼儿没有受到良好的教育，任性娇惯，分不清对与不对，表现出不良兴趣。

虽然幼儿的兴趣发展迅速，但总的来说，兴趣的范围、指向性、稳定性等还处于较低水平，兴趣的发展要到青少年期才能逐渐完善。

情景呈现中的小朋友表现出了哪些兴趣特点？

资料卡四：你知道如何培养幼儿的兴趣吗？

1. 创设良好的环境，丰富幼儿的知识和生活经验

幼儿刚来到这个世界上，对一切事物都是陌生的，只有感受了才能知道，才能认识。成人应通过参观、游览、阅读等多种方式，让幼儿亲近自然，走进社会，开阔眼界，丰富知识。正确引导学前儿童去观察、去思考、去探索，以激发他们的好奇心和求知欲，逐渐培养其学习兴趣。

2. 正确回答幼儿提出的各种问题，引导其求知兴趣更持久、更深入地发展

提问是幼儿求知兴趣的一种重要表现形式，教师要认真地听取幼儿的提问，对幼儿的提问要给予正确机智地解答。保护幼儿的好奇心和求知欲。教师还要启发学前儿童善于观察、勤于思考，自己主动寻求问题的答案。

3. 组织幼儿开展丰富多彩的活动

组织丰富多彩的活动，运用灵活的方式方法，可激发学前儿童广泛的兴趣和求知欲。如讲故事、猜谜语、小实验、游戏等活动。

4. 提供多种多样的直观教材、玩具，支持学前儿童的探索活动，引导学前儿童发现问题

学前儿童活泼好动，通过活动认知各种事物。而动手操作的活动可使学前儿童在学习中由机械、被动变为积极、主动，对幼儿自主地发现知识、探索知识起重要作用。各种各样的直观材料、玩具是帮助幼儿探索、主动发现的工具。

 小提示

情景呈现中的小朋友们一开始对游戏很感兴趣，但后来对蜗牛产生了兴趣，转而去观察蜗牛，主要是因为幼儿的兴趣比较广泛，渴望认识世界，对周围的事物和各种活动都表现出兴趣。但是幼儿的兴趣多为直接兴趣，往往容易被事物或活动的本身所吸引，而不考虑事物或活动的结果，所以幼儿的兴趣又比较容易变化，最终被蜗牛吸引，去观察蜗牛了。

作为教师应该尊重并保护幼儿的兴趣，保护幼儿的好奇心和求知欲。对于幼儿的提问应该持积极肯定的态度，正确回答幼儿提出的各种问题，引导其求知兴趣更持久、更深入地发展。另外，作为幼儿园老师，也必须明确除了尊重、保护幼儿的兴趣之外，更重要的任务是引导幼儿的直接兴趣向间接兴趣发展，提高兴趣的稳定性，为日后树立稳定的学习兴趣打下基础。

 **你知道吗**

1.0～1岁儿童兴趣的发展

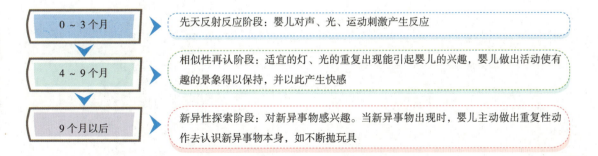

0～3个月	▶ 先天反射反应阶段：婴儿对声、光、运动刺激产生反应
4～9个月	▶ 相似性再认阶段：适宜的灯、光的重复出现能引起婴儿的兴趣，婴儿做出活动使有趣的景象得以保持，并以此产生快感
9个月以后	▶ 新异性探索阶段：对新异事物感兴趣。当新异事物出现时，婴儿主动做出重复性动作去认识新异事物本身，如不断抛玩具

2.1～3岁儿童兴趣的发展

进入一岁以后，儿童的兴趣逐渐丰富起来。具体表现在对以下几个方面的事物感兴趣：

（1）活动的、微笑的物体，如飞机、昆虫。

（2）突然消失的物体，如拿个东西给孩子看，然后藏起来。

（3）成人的动作或活动，如妈妈包饺子、爸爸刮胡子。

（4）因果关系，如坐车时树与车的相对运动。

两岁后，孩子对语音的兴趣加强，并开始有意地模仿。

望子成龙，望女成凤

随着现在父母对孩子教育意识的提高，家长们都不惜重金送孩子去上各种兴趣班。小丽今年5岁了，妈妈认为舞蹈和钢琴能提升女孩子的气质，给小丽报了舞蹈班和钢琴班。小丽的奶奶认为女孩子更应该秀外慧中，为了开发智力，又给小丽报了围棋班。小丽的爸爸认为女孩子本来处于弱势群体，应该学会保护自己，于是，给小丽报了跆拳道班。就这样，小丽一口气上了四个兴趣班，满满当当地占用了小丽的所有课余时间。

思考：请结合所学知识，谈谈你对孩子上兴趣班的看法。

第四节　儿童的自我意识

请同学们每人写一遍自我介绍，详细地分析自己的性格、爱好和特点，然后组织一节班会课进行专门的交流。

任务一　把握自我意识的基本概念

我国著名数学家张广厚在上小学时，算术特别差，甚至由于算术成绩差而没考上初中。他的算术老师都觉得他在数学上没有任何天赋甚至有点笨，家人们也劝他放弃算术，改学文学或者其他。但是张广厚坚信"我觉得自己对算术有一种特别的爱好和才能。"这句话在当时听起来也许有些自负，但却真实的说明了张广厚对自己有充分的认识和把握。正是由于有这份对自己的信心以及后天的刻苦钻研，最终使他成了国际公认的大数学家。

想一想

如果张广厚一开始听从教授的意见否定自己，也许就没有了后来伟大的数学家，可见对自己充分的认识对自我发展是非常可贵的，那究竟什么是对自己的认识呢？

133

资料卡一：你了解什么是自我意识吗？

自我意识就是人对自己身心状态及对自己同客观世界关系的认识意识。也可以认为是主观的我对客观的我的认识。自我意识具体包括了认识自己的生理状况，例如体重、身高等；心理特征，例如性格、能力、爱好等；以及自己与他人的关系，如自己与家人的关系、与朋友的相处模式等。

自我意识的概述

> "我认为我是一个性格开朗的人"，这里有两个"我"：第一个是主观的我，也就是自己是意识者；第二个是客观的我，是被主观的"我"意识到的自己的身心活动。

自我意识的发生和发展是人和动物在心理上的根本分界线。动物没有意识，更没有自我意识。人类拥有高度发达的大脑，在劳动的过程中伴随着语言的发生和发展，人类不但加深对自然界的了解，而且对自我有了充分的认识。

> "张广厚对自己的肯定具体包括了自我意识中的哪些心理成分？"

资料卡二：自我意识有哪些具体成分呢？

自我意识是由自我认识、自我体验和自我监控三种具体的心理成分构成的。

1. 自我认识（狭义的自我意识）

自我认识是自我意识的认知成分。它是自我意识的首要成分，也是自我调节控制的心理基础，正确认识自我就是指一个人对自我的认识要与自我的实际情况相符合。

> 认识自己的外在形象，如外貌、衣着、举止、风度、谈吐，认识自己的内在素质，如学识、心理、道德、能力等，都属于自我认识。

自我认识又包括自我观察、自我分析和自我评价等。

自我观察	人是观察的主体，同时又是被观察的客体，也就是将自己的心理活动作为被观察的对象
自我分析	人把从自身的思想与行为中所观察到的情况加以分析、综合，概括出自己个性品质中的本质特点的过程
自我评价	是主体对自己的能力、思想、品德及其他方面的社会价值的判断

2. 自我体验

自我体验是伴随自我认识而产生的内心体验，是自我意识在情感方面的表现。是指自己对自己所怀有的一种情绪体验，即主我对客我所持有的一种态度。它反映了主我的需要与客我的现实之间的关系。客我满足了自己的要求，就会产生积极肯定的自我体验，即自我满足；反之，客体没有满足自己的要求，则会产生消极否定的自我体验，即自我责备。

自尊、自信、自卑、自责等都是自我体验。

自我体验的内容很丰富，具体包括了：

自尊感（也称自尊心）	是社会评价与个人自尊需要的关系的反映。当社会评价满足个人的自尊需要时，便产生肯定的自尊感。这种自尊心会促使人更积极向上，以追求实现更高的社会期望
自信感（也称自信心）	是对自己的能力是否适合所承担的任务而产生的自我体验。它是在对自己的自我肯定和充分估计的基础上，相信自己力量的一种心理状态
成功感或失败感	成功感是在实现目标过程中取得成功时产生的自我体验，失败感是在实现目标遭遇挫折时所产生的自我体验

3. 自我调节

自我调节是自我意识的意志成分。自我调节主要表现为个人对自己的行为、活动和态度的调控。它具体包括自我检查、自我监督、自我控制等。

自我检查	是主体在头脑中将自己的活动结果与活动目的加以比较，以保证活动的预定目标与计划逐步得到实现的过程
自我监督	是一个人以其良心或内在的行为准则对自己的言行进行监督的过程
自我控制	是主体对自身心理与行为的主动地掌握

情景呈现中的张广厚对自己的肯定具体包括了自我意识中的哪些心理成分？

张广厚认为自己"对物理有一种特别的爱好和才能"，这就是他自我意识的一种充分体现，他表明了了张广厚对自己有正确的自我分析和评价，也体现了他充分的自信心。我们在接受来自学校、家庭、社会的教育的同时，也应该学会对自我的认识，不断地进行自我修正，提升自己的评价分析能力，通过对自己的观察和分析对自己的心理状况、能力大小、性格特征有比较全面的认识，促进自己向着更好的方向发展，而对自己清醒明了的认识就是自我意识，它对于个体的发展具有举足轻重的意义。

自我意识的作用

1. 对态度和行为的调节、控制作用

人们在日常的生活、工作及人际交往中，如果能够清晰地意识到自己的位置、能力、作用和责任，

那么我们就会自我地调节自己的情绪，合理地调节自己的态度和行为，以实现自己的价值与外界保持良好的关系。

2. 对自我教育的推动作用

一个人只有意识到了自己的优点和缺点，才能采取行动不断地改正缺点、发扬优点，取得自我教育的积极效果。反之，则会阻碍个体的自我发展和完善。因此我们要不断地增强自我意识，不断地对自我进行监督管理，这样才能促进我们的不断发展。

任务二　把握学前儿童自我意识的发展及其特点

下午六点钟果果的妈妈准时到幼儿园来接果果回家，可是进到月亮班后，果果妈妈发现带班的王老师正抱着果果轻声安慰着，而自己的宝贝女儿小脸沾满泪水，哭得好不伤心。一见到妈妈，果果哭着说"大灰狼是坏蛋，它不能吃果果"，果果妈妈一头雾水。这时候王老师苦笑着告诉她，今天小朋友吃完晚餐后，自己给小朋友们讲了一个关于大灰狼和小兔子的故事。别的小朋友们听得津津有味，可是果果却说自己是小白兔，大灰狼不能咬她，哭得怎么劝都止不住。王老师困惑地说："以前也讲小白兔的故事，没见果果有这么大的反应啊？"果果妈妈突然想起来果果生日时，奶奶送给她一只小兔子，果果非常喜欢，爸爸就逗她说她是一只小兔子变的，原来她一直把自己认作小兔子了。

> **想一想**
>
> 爸爸逗果果说她是小兔子变的，果果为什么深信不疑呢？为什么当王老师讲到大灰狼和小白兔的故事时，果果将自己代入到了故事情节而伤心不已呢？

知识锦囊

资料卡：幼儿的自我意识的发展

幼儿期自我意识的发展主要表现在自我评价、自我体验和自我控制上。

1. 幼儿自我评价的发展

幼儿自我评价在 2～3 岁开始出现，其特点如下：

（1）依从性和被动性。幼儿还不能进行独立的自我评价，他们的自我评价常常依赖于成人对他的评价，往往不加考虑地轻信成人对自己的评价，其自我评价只是对成人评价的简单重复。例如，幼儿评价自己是好孩子，原因是"妈妈夸我是好孩子"。

（2）表面性和局限性。幼儿的自我评价都集中在自我的外部行为表现上，还不会评价自己的内心活动和个性品质。例如，问幼儿自己为什么是好孩子，幼儿只会说"我不打架""我自己会穿衣服、吃饭饭"。

（3）情绪性和不稳定性。幼儿的自我评价往往带有主观情绪性，很不稳定。例如，幼儿画画时，画了一只小鸭子，当老师误认为她画了一只小鸟，夸她说你这只小鸟画得真好看，小朋友立马改口说自己画了一只小鸟。

2. 幼儿自我体验的发展

（1）幼儿自我体验发展水平不断深化。幼儿的各种自我体验都随年龄增长而不断发展，水平不断地深化。3～6 岁的儿童对愤怒的情绪体验会有不同的程度，例如，从"会哭""不高兴"到"生气"，再到"很恨他"不断地进行变化。

（2）幼儿自我体验的社会性。幼儿不仅能对生理的需要产生自我体验，还能对社会性的需要产生自我体验，即开始发展对社会情感的自我体验。例如，小朋友为了获得老师的表扬而主动安慰正在哭泣的伙伴。

（3）幼儿自我体验的受暗示性。在幼儿自我体验的产生中，承认的暗示起着重要作用，年龄越小，表现越明显。例如，问小朋友"如果在做捉迷藏的游戏时，你偷偷地将蒙眼睛的毛巾拉下来，被老师看到了，你会怎么样？"只有很少的幼儿有自我体验。但若是暗示"你做错了事儿，觉得难为情吗？"好多小朋友就会有自我体验。

3. 幼儿自我控制发展的主要特点和趋势

幼儿自我控制能力的发展特点主要表现在坚持性和自制力的发展方面。总的来说，幼儿的自我控制能力还比较低，3～4 岁幼儿的坚持性和自制力都很差，到 5～6 岁才有一定发展。

幼儿自我控制发展的趋势如下：

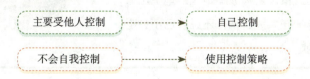

主要受他人控制 ----→ 自己控制

不会自我控制 ----→ 使用控制策略

此外，儿童自我控制的发展受父母控制特征的影响。

情景呈现中果果小朋友的案例体现了学前儿童自我意识的哪些特点？

幼儿对自我的评价受整体思维、认知水平的影响很大，突出表现在以下方面：

一是幼儿的自我评价一般比较笼统，比较多的是从某个方面或局部对自己进行评价，以后逐渐向比较具体、细致的方向发展。

二是最初往往较多局限于对外部行为的评价，逐渐出现对内心品质的评价。

三是从只有评价，没有论据，发展到有论据的评价。

任务三　掌握学前儿童自我意识的培养方法

5岁的莉莉是一个性格文静、胆小、害羞却非常喜欢唱歌的小女孩。莉莉的歌声非常好听，可是她经常躲在屋子里自己唱，从来不敢在别人面前大声地唱歌。有一次，幼儿园老师为了锻炼莉莉的胆量，让莉莉在小朋友面前唱一首新学的儿歌。莉莉站在教室前面不知所措，老师鼓励她大声地唱出来，结果莉莉一紧张哇哇大哭起来，还说自己不会唱，自己讨厌唱歌。

想一想

　　莉莉本来是一个喜欢唱歌并且歌声很好听的孩子，但为什么却又否定自己说自己不会唱歌、讨厌唱歌呢？如果你是莉莉的老师，该怎么帮助莉莉？请同学们结合以下资料和平时所学专业知识积累，帮助这位老师共同解决莉莉的问题。

资料卡一：学前儿童的自信心如何发展呢？

　　儿童到两三岁开始萌发自信心，幼儿自信心的各种因素（包括自我评价、自我效能感、独立性、主动性、敢为性）随着年龄的发展而发展，表现出了年龄差异。而每个孩子因为所处环境和所受教育以及性格、能力的不同，使自信心的发展表现出个别差异。自信心较强的孩子往往积极主动地参加各种活动，敢于表现自己；而自信心较弱的孩子则往往被动，对自己没有把握，怀疑自己的能力。自信心的发展对幼儿的健康和能力的发展具有十分重要的意义，它能促使幼儿产生积极主动的活动愿望，乐于与人交往，不断地探索新问题。

　　莉莉小朋友为什么在大家面前又说自己不会唱歌呢？她是真的不会吗？

资料卡二：幼儿自信心该如何培养呢？

（1）建立良好的亲子关系。良好的亲子关系是建立幼儿自信心的前提。

（2）给予儿童自由权和自主权，多为儿童提供自己作决定的机会，鼓励幼儿做力所能及的事情。

（3）给予幼儿积极的评价。

（4）帮助幼儿获得成功的体验。获得成功的体验是形成幼儿自信心的基础。

　　你有哪些方法能帮助莉莉鼓起勇气一展歌喉呢？

资料卡三：幼儿自我意识该如何培养呢？

1. 在日常生活中培养幼儿的自我意识

幼儿园的日常生活包括了盥洗、进餐、喝水等环节，这些事情看起来琐碎，却占据了幼儿一日生活中大部分的时间，要想培养幼儿良好的自我意识，就必须要抓住一日生活的每一个教育契机。

2. 在各种活动中正确引导幼儿的自我意识

　　人的能力是在活动中展现的，每个幼儿都有自己的潜能和特长，只有不断地在活动中给幼儿创造机会、提供舞台，幼儿才能客观地认识、评价自己的能力。因此，我们应多鼓励幼儿大胆地尝试、积极地参与活动。

3. 教师评价幼儿要把握分寸

幼儿处于自我意识形成的初期，由于经验少、水平低，他们的自我评价与认识往往依赖于成人，而幼儿教师是他们重要的支持者和引导者，对幼儿自我意识的发展起着重要作用，所以教师要注意

评价的分寸，必须客观公正，不能褒扬过高，更不能随意地贬损幼儿。

4. 教师应为幼儿提供自我评价的机会

自我评价是自我意识的一种形式，自我评价的发展对于幼儿建立自我意识有至关重要的作用。所以，在活动中多为幼儿提供自我评价的机会，有利于幼儿正确地认识自己。

5. 家园配合，指导家长实施正确的教育

家庭是幼儿教育重要的土壤，父母是幼儿第一任教师。家庭教育是幼儿教育的重要组成部分，家长的言行举止总会潜移默化地影响着幼儿。所以为了更好地，培养幼儿的自我意识，幼儿教师就必须要经常通过面谈、电话、书信等各种方式与家长联系。

作为未来的幼儿教师，我们应该怎样因地制宜地采取手段来培养幼儿的自我意识呢？

自我意识的培养与发展

有位哲人说过："自信是成功的基石，是每个人事业成功的支点，一个人若没有自信心，就不可能大有作为，有了自信心，就能把阻力化为动力，战胜各种困难。"许多孩子就像莉莉一样对一些事不是不喜欢，也不是不会，而是缺乏自信，不能正确地认识自己的能力，不敢于表现自己。

作为幼儿在幼儿园中重要的支持者、鼓励者、教育者和引导者，幼儿教师担负着照顾、培养幼儿的重任。为了让像莉莉一样胆小的孩子能够敢于表现自我，幼儿教师应该逐步树立孩子的自信，经常鼓励、正面地评价幼儿，多给幼儿表现自己的机会，循循善诱，让幼儿一步步地放开自我，对自己有明确的认识，培养他们积极开朗的个性，这对于幼儿以后的发展也是至关重要的。

提高儿童自我评价能力的策略

（1）成人对儿童评价要求实事求是，恰如其分。

（2）通过交往活动提高儿童自我评价能力。

（3）加强儿童交往中的个别指导。

小试牛刀

1. 请同学们查找《影响孩子一生的自我意识养成绘本》，讨论作为一名幼儿教师该如何帮助幼儿形成良好的自我意识。

2. 实践延伸。在幼儿园见习时，多应用书中的知识创设活动，培养幼儿的自信心，让他们充分认识自己的能力。

学前儿童个性的发展（下） 第六单元

学习目标 ◀

1.理解气质的概念。

2.了解气质类型的原因及不同气质类型的日常表现。

3.掌握学前儿童气质的发展特点。

4.掌握学前儿童气质和教育。

5.理解能力的定义。

6.掌握能力的种类。

7.掌握学前儿童能力的发展特点。

8.掌握学前儿童能力的培养。

9.理解性格的概念。

10.了解性格与气质、能力、社会环境的关系。

11.掌握学前儿童性格的发展特点。

12.掌握学前儿童性格的塑造。

第一节　学前儿童的气质

前置作业

　　搜集学前儿童在日常生活中有关言语、情绪的各种行为表现，以小组为单位整理资料，并以电子幻灯片的形式在课堂上进行演示分享，时间控制在5分钟以内。

任务一　认识气质的类型及其成因

情景呈现

　　明明的性子很急，每次拿少儿图书，都是拿一大摞，翻得很快，即使新书也很快看完。他喜欢活动量大的活动，每次玩得都是创造性游戏，总是爱玩打仗。他是全班小朋友扔沙包扔得最远的一个。明明还爱逞能。有一次，全班小朋友正在排队，他突然跑出队伍，用力拉住正在旋转的转椅，差点摔倒。他上课时坐不住，随便站起来，或者在椅子上乱动，常常发出叫声。

　　对老师的提问常常没有听清楚就急着回答，因此常常答非所问。

> **想一想**
>
> 　　为什么会出现这样的现象？明明就是爱捣乱、不遵守纪律吗？如果你是明明的老师你该如何应对？

资料卡一：你知道什么是气质吗？

气质：俗称"脾气""性情"，是一种所特有的心理活动的动力特征。

它表现为心理活动的速度（如言语速度、思维速度等）、强度（如情绪体验强弱等）、稳定性（如注意力集中的时间长短）和指向性（如内向或外向）等方面的特点和差异组合。它使人的整个心理活动带上了个人独特的色彩，制约着心理活动进行的特点，并直接影响个性的形成与发展。心理学家巴甫洛夫曾经说过："气质是每个人最一般的特征，是人神经系统最基本的特征，这种特征在人的一切活动上都打下一定的烙印。"

那么情景呈现中的明明小朋友的气质表现有哪些呢？

> 琪琪在搭积木时，安静又冷静，旁边小朋友有的在大声说话，有的在收拾玩具。这时，琪琪也不受影响，认真地把积木搭完了。

资料卡二：气质类型学说是谁提出来？

最早研究气质的是古希腊的医生希波克利特，他提出了"四种气质说"，即：胆汁质、多血质、黏液汁、抑郁质。

他认为构成人体内的体液有四种：血液、黏液、黄胆汁、黑胆汁，并根据哪种体液在人体内占优势，把人分为四种类型：黄胆汁多的人易激动、好发怒，不可抑制，称为"胆汁质"；血液多的人热情、活泼好动，称为"多血质"；而黏液多的人冷静、沉着，称为"黏液质"；黑胆汁多的人敏感、抑郁，称为"抑郁质"。希波克利特对气质的分类局限于当时的条件，虽然缺乏科学的依据，但事实上这四种类型比较符合实际，心理学上对这种说法一直沿用至今。

希波克利特

> 火暴脾气的张飞属于胆汁质；善变的王熙凤属于多血质；深思熟虑的诸葛亮属于黏液质；多愁善感的林黛玉属于抑郁质。

巴甫洛夫的神经系统类型说

苏联科学家巴甫洛夫通过实验研究，发现神经系统具有强度、平衡性、灵活性三个基本特征。它们在条件反射形成或改变时得到表现，由于在个体身上存在各不相同的组合，从而产生了各自神经活动类型，其中四种最典型的是：

（1）强、平衡而且灵活型：条件反射形成或改变都较迅速，而且动作灵敏，又叫"活泼型"。

（2）强而不平衡型：兴奋占优势，条件反射形成比消退来得更快，易兴奋、易怒而难以抑制，又叫"兴奋型"。

（3）强、平衡而且不灵活型：条件反射容易形成而难以改变，安静、坚定、有自制力。

（4）弱型：兴奋与抑制都很弱，感受性高，难以承受强刺激，胆小而显得神经质。

气质类型	神经系统的特性		
	强度	平衡性	灵活性
胆汁质	强	不平衡（兴奋占优势）	不灵活
多血质	强	平衡	灵活
黏液质	强	平衡	不灵活
抑郁质	弱	不平衡（抑制占优势）	不灵活

情景呈现中的小朋友都属于什么气质类型呢？

资料卡三：气质有什么特点？

1. 气质的先天性

气质在很大程度上受到神经系统的影响，和人的解剖生理特点直接联系。每个人在刚出生时往往表现出显著的气质特点。由于气质与人的生理和遗传有关，因此具有稳定性的特点。俗语说"江山易改，禀性难移"，就是这个道理。

2. 气质的稳定性和可塑性

气质的先天性质决定了它是人的个性中最为稳定的特征。气质的先天性质决定了它是人的个性中最为稳定的特征。这种稳定性主要表现在两方面：

（1）无论从事任何活动，一个人的气质特征总会或多或少地表现出来，不会因活动的具体目的、动机或内容而有所改变。

（2）气质特征不会随着个人年龄的增长而发生很大的变化。

气质的稳定性并不意味着它绝不可以改变，对于每个人来说，可能会因为生活条件、社会环境和身体健康状况的强烈转变而引起气质的改变。所以，气质只在童年时才表现得最为单纯，人受社会的影响越大，气质被改造的可能性也越大。

3. 气质类型没有好坏之分

气质仅使人的行为带有某种动力的特征，就动力特征而言无好坏之分；同时，每一种气质类型都有积极的方面，也都有其消极的方面，不能说哪一种气质类型更好。

各种气质类型的主要心理特征

气质类型	主要心理特征	
	积极性	消极性
胆汁质	热情、果敢、精力充沛等	急躁、易怒、难以自制等
多血质	活泼、机敏、感情丰富等	情感多变、轻率、浮躁等
黏液质	沉着冷静、坚毅、实干等	执拗、冷漠、动作迟缓等
抑郁质	情感深刻、细心谨慎等	多疑孤僻、柔弱易倦、缺乏自信心等

气质类型不能决定品行和能力，因此不能以气质来评价人的好坏，任何一种气质都能发挥自己的才能，作出一番成就。例如，俄国著名文学家中，普希金是胆汁质，赫尔岑是多血质，克雷洛夫是黏液质的，果戈理是抑郁质。可见，气质类型不决定一个人智力发展的水平，也不会决定一个人成就的大小。

但是，社会实践的领域众多，不同领域的工作对人的要求是不同的，有的气质类型适合于这一类工作，有的气质类型适合于另一类工作。例如，多血质的人适合于从事环境多变、要求作出迅速反应、交往繁多的工作，难以从事较为单调，需要持久耐心的工作。黏液质的人正好相反，他们适合从事耐心细致、相对稳定的工作。如果一个人的气质类型正好适合工作的要求，他会感到工作得心应手，对工作有浓厚的兴趣。如果不考虑气质类型对工作的适宜性，将会增加心理负担，给人带来烦恼，也会影响工作的效率。

我们应该以积极的态度来看待自己和别人的气质，更应该发现人的气质特点，因势利导。

你认为情景呈现中的小朋友气质的积极方面和消极方面在哪里？

情景呈现中的明明的性子很急，他在活动中表现出胆汁质的气质类型。也符合巴甫洛夫"兴奋性"的表现。

明明喜欢活动，不单纯是纪律性差，也与他的气质特点有关系。气质无所谓好坏，每一种气质都有积极方面和消极方面。但是由于它影响到儿童的全部心理活动和行为，如果不加以正确对待，将会形成不良个性因素。

气质与血型的关系

1901年，维也纳大学的卡尔·兰德斯坦纳发现血液的不同类型，创立ABO系统，以解决输血过程的障碍问题。这引发了日本心理学家古川竹二的灵感。1927年古川竹二很敏感地将四种血型和四种气质类型联系在一起。他在大量的调查基础上认为，希波克利特的四种气质类型不是由胆汁和黏

液决定，而是由血型决定。他把兰德斯坦纳的 ABO 系统与四种气质类型相结合，创立了"气质的血型说"，根据血型把人的气质划分为 A 型、B 型、O 型和 AB 型四种。

A 型人精明、理智、内向，不善交际；沉思好静、情绪稳定、忍耐力强；具有独立性，易于守规；做事细心谨慎，但不果断；责任心强、固执；感情含蓄、注重仪表，但不新奇，是处理家务的能手。

B 型人聪明、活泼、敏捷、外向、善交际；兴趣广泛多变，精力分散；大事故少，小事故却不少；行动奔放，不习惯束缚；易感情冲动，热心工作，不怕劳累；缺乏细心和毅力；动作语调富于感情，易引起他人注意；爱情上，女性比男性主动。

O 型人外向直爽、热情好动，富于精力；爱憎分明、见义勇为；有主见、主观自信；急躁好强、有野心、易激发感情；说话易用教训人的口气，易得罪朋友；动作粗犷、不灵活，不宜做需要耐心的工作；爱情上多属主动，易被别人爱，也易接受别人的爱；长寿者多。

AB 血型的人属于复合气质类型。机智大方，办事干净利落；冷静、不浮夸；行动有计划，喜分担责任；兴趣广泛；因倾向不同，有的人有领导能力，有的人则沉默寡言、满腹心事；待人接物缺乏经验、易吃亏。

古川竹二的研究引起了许多人的兴趣，因为此项研究涉及人类学的许多未知领域，潜伏着人类对自身了解的重大突破。这样，体液说又有了新的发展。日本血型人类学家认为："血型的真正含义指的是人体的体质和气质类型。""可以更简洁地给血型作如下定义：血型就是所有生物的体质类型和气质类型。"但是，许多学者认为，这种理论没有多少科学根据。因此，气质与血型关系问题是一个有争议和需要进一步研究的问题。

任务二　探究学前儿童气质的表现

我家宝宝五个月，当他高兴的时候，会笑出很大声音；玩玩具时，从他手里拿走玩具会哭；他不认生，谁抱都可以；在任何时候他的反应强度都比较强，当他有什么事痛苦的时候也会增大好几倍，反应强度比较大。这种小孩长大之后我们觉得他脾气比较大。

146

想一想

上述宝宝表现出哪些气质特点？请以小组为单位进行讨论学习。

知识锦囊

资料卡一：你知道婴儿气质的分类吗？

婴儿时期还谈不上有稳定的性格，但宝宝降生以后，就表现出一些行为上的差异。婴儿气质即表现出个别性：有的孩子生来好动，有的活泼，有的安静，有的急躁。这些个别差异，也就是与生俱来的气质差异。

我们可以把婴儿的气质类型归纳为三种：

1. 难养型

从新生儿时起，父母就应该着重培养宝宝规律的生活习惯。出生后，布置一个安静的生活环境，避免强光、噪声等刺激的干扰。对于反应剧烈、过于敏感的宝宝，要避免激怒，切忌打骂，而应多以耐心说服教育的态度对待。教导宝宝学会克制自己，纠正任性、刁蛮、不讲理等不良习惯，并可通过有节奏的运动、音乐、舞蹈、游戏等养成规律性行为，来疏泄宝宝过剩的精力。避免在公共场合批评、指责宝宝，遇事采取冷处理，即在宝宝情绪最激动时，不要理睬，待高兴时再提起此事。并且，让宝宝自己说说对待事情的做法，如哪些是对的、哪些是错的，指导宝宝以后遇到类似事情应如何正确处理。

对于适应能力差的宝宝，要先让他们接触安全的环境和友善的陌生人，并事先提醒宝宝应如何去做。父母不要总是不放心，过多地包办代替，注意培养宝宝的独立生活能力，自己的事情自己做。多用正面语言鼓励宝宝，如多说"你真行""我相信你一定会做好"之类的鼓励语言，增强宝宝的自信心。

同时，父母在处理家庭问题时，夫妻之间应遵循"要接纳，不要改造"的原则，互相谦让、互相理解，克制自己，尽量不要当着宝宝的面争吵。从新生儿时即给宝宝以更多地关爱、体贴，平时不断用美好的语言进行刺激，使宝宝的激烈情绪不断地得到缓解。这样，便可为宝宝创造一个气氛温馨、和谐、稳定、轻松的家庭环境，保持密切的亲子关系，避免产生心理紧张、注意力涣散和冲动情绪。

2. 易养型

易养型这样的宝宝生来性情温顺，父母在生活中比较容易照料。但需要提醒的是，不要因此就忽视了对他们的教育，也应该注意正确引导，使宝宝向更好的方向发展。

3. 启动缓慢型

对于这种气质类型的宝宝，首先，要创造一个活泼、温馨的家庭环境，如每天定时放轻松、节奏感较强的音乐；用大而鲜艳的玩具，带有响声的玩具及悦耳的音乐，刺激宝宝的视觉、听觉及感知觉，使他们对外界发生兴趣。还要经常与宝宝讲话，刺激大脑的语言中枢，使语言信号储存在大脑的语言中枢，促进宝宝的语言发育。

情景呈现中宝宝的行为表现是哪种气质类型？

资料卡二：你知道幼儿气质的分类吗？

幼儿有四种不同的气质类型，分别为多血质、黏液质、胆汁质和抑郁质。

1. 胆汁质

这类孩子的性格特点，表现还是比较明显的，主要表现为性子比较急躁、爱冲动。但是，也表现出精力旺盛、性格活泼热情。这类孩子思维都比较敏捷，反应也比较快。胆汁质的孩子性格都比较外向，容易受外界影响。因为爱冲动，犯错误的几率也比较大。

2. 多血质

这类孩子看上去都比较亲切，性格也更活泼，遇到事情的时候，会主动出击。但是不过脑子做事，会比较冲动，甚至轻率就做出了决定。

3. 黏液质

这类孩子性格就比较稳重，遇到事情的时候表现都比较沉着、冷静，所以，很多看上去比较恬静的孩子，都属于这类气质。但是，也有的孩子会因为黏液质而表现出迟钝、甚至萎靡不振。

4. 抑郁质

这类孩子都比较重感情。在情绪上，表现也都比较稳定。但是，也有的孩子会表现出孤僻、羞怯、郁闷。

教师要善于分析婴儿的气质表现，更要针对婴儿气质表现进行教育，以免形成不良的性格基础。

孩子的气质各有不同，不要用同样的标准来要求孩子，不然孩子难过，父母、教师也痛苦。我们是孩子最亲近的人，也最能通过生活来观察、了解孩子。只要多一些耐心和爱心，了解孩子的天生气质，并据此调整教育孩子的方式及对孩子的期望，使孩子找到自己的天空，同时，也会使亲子、师幼关系更和谐。

不同气质类型对幼儿的影响

（一）气质对儿童身体发育的影响

研究表明，对具有低感觉阈限和倾向于负向、强烈的情绪反应的困难型气质的儿童来说，他们的父母更容易发现他们的疾病。对于容易抚养型儿童来说，即使患病也不大吵大闹，容易使医护人员在诊断时产生错觉。研究还发现，具有不同气质特点的儿童分别对应于相关的临床问题。在身体健康方面，气质同婴儿期的腹痛和睡眠障碍、学前期儿童的机能性腹痛有关。抚育困难的儿童遭受意外损伤和遭受虐待的较多，这种气质的儿童由于要求较多，情感反应强烈，因而得到的哺乳次数也多，而容易抚育型儿童则容易挨饿，甚至死亡。

（二）气质对社会认知的影响

林崇德研究发现多血质和胆汁质的人解题速度和灵活性都明显超过黏液、抑郁质的儿童。多血质和胆汁质的人情绪和情感表现都较强烈，而他们的抑制力又较差，较难从事需要细致和持久的智力活动；而黏液质和抑郁质的人其情绪情感表现都较微弱，但体验深刻，能经常地分析自己，因此他们较适合于从事那些需要细致和持久的智力活动。

气质特征可以影响人的记忆效果。研究表明：1.对于数量多、难度大的识记材料，高级神经活动强型的人较弱型的人效果要好。2.高级神经活动强型的人记忆无意义音节效果较好，而弱型的人记忆大量有意义的文章效果较好。3.在动绝记忆方面，对于不太复杂的任务，弱型的人比强型的人记忆要好；而对于复杂的任务（如再认迷津结构），强型的人比弱型的人记忆要好。

（三）气质与幼儿利他行为的关系

利他行为是指没有预先明确奖赏，为了某种利益而执行的行动，是许多最终导致社会的合理的积极行动的社会行为之一。林德（Linda，Richard）等人研究表明：在实验室中幼儿气质与利他行为有密切相关。爱社交的儿童表现出更多的利他行为，其原因可能在于或许有更重要的事情让不爱社交的儿童感兴趣，也可能是由于他们平时少与人接触，缺乏经验，或没有注意到陌生人的需要，这些原因尚待进一步探讨。

（四）气质与幼儿性别角色的关系

所谓性别角色是特定社会对男性和女性社会成员所期待的适当行为的总和。性别化则是指在特定文化中，儿童获得适合于某一性别（男性或女性）的价值观、动机和行为的过程。米德（Margret Mead，1935）在研究中发现男女角色的气质或个性将会随着社会的发展而发生变化。很多研究表明，女孩参加社交方面的活动多于男孩，男孩对物体和事物更感兴趣，而女孩则对人更感兴趣；男孩的攻击性行为比女孩多，女孩的攻击主要是谩骂，而男孩则更多使用拳脚；女孩在一起从事合作性的活动多于男孩，更倾向于找比自己年龄小的同伴玩，对比她年幼的孩子会表示关心和帮助。

任务三　不同气质类型学前儿童的教育

凤凤是个中班的孩子，她热情活泼，喜欢帮老师做事情，也愿意帮助其他的小朋友。有一次，同班小朋友的手不小心碰破了，凤凤赶快找老师。她皱着眉头问小朋友："你疼吗？"当听到说不疼才放心去玩。但是凤凤在听老师的课时，总是不够专心。玩游戏时一开始很专注，但很快就变得漫不经心，一会儿就跑开了。

想一想

根据凤凤的表现，你认为她属于什么气质类型？为什么？谈谈教育者应如何有针对性地对其进行教育。

知识锦囊

资料卡：如何对不同气质类型的幼儿进行教育？

1. 了解每个儿童的气质特点

兴奋型（胆汁质）儿童行为方式的特点：态度直率，热情主动，精力旺盛，但情绪容易兴奋冲动，脾气多暴躁，行为易改变，缺乏耐性。

活泼型（多血质）儿童行为方式的特点：活泼好动，精力充沛，反应迅速，善于交际，易适应环境，但兴趣和注意力易转移，具有较大的可塑性和外倾性。

安静型（黏液质）儿童行为方式的特点：安静稳重、沉着冷静、善于忍耐、情绪不易外露，但沉默寡言、反应较慢、不够灵活，内倾明显。

抑郁质儿童在极不稳定情况下易发生紧张、胆怯、恐惧、强迫等具有神经焦虑症倾向的障碍。

2. 发挥学前儿童积极气质特点，尊重和理解不同气质类型儿童的消极气质特点

对胆汁质气质的儿童的教育要以慈爱、情理去感化和陶冶，不宜在人多的场合批评他们。当他们在激动、发脾气时，应该避其锋芒，设法使其冷静、稳定情绪，然后采用商讨式，消除其防卫心理，把批评信息传递给被教育者，引导他们认识自己的错误和缺点，同时注意发展他们身上的"闪光点"，给予鼓励和信任，使他们认识到控制感情的必要性和控制感情的科学方法。这样，他们可以成为积极热情、生气勃勃的人。

对多血质的儿童，要注意培养他们的耐力和韧性。平时要严格要求，防止自由化。这类孩子接受道理快、表态快，但也忘得快，老毛病易重犯。对个别沾染不良习气的幼儿，应严厉批评，并说明造成的不良后果。对他们教育得好，可能使其发展为亲切热情、适应能力强的人；相反则发展为轻浮散漫、精力分散、行动草率的人。对这种人的批评一般可采用震动式批评方式，语调较为激烈，态度要严肃。对有些自我防卫心理强烈、不肯承认自己的过错、常常事后搪塞掩饰或委过于别人的幼儿，应当采取当时、当场、当事批评的方式。

对于黏液质儿童，在学习、工作和生活中，不要逼他们表态，多给他们一些思考机会，但也要防止出现懒惰和冷淡的感情，注重培养他们敏捷、勤奋和进取的精神，引导他们与同学多交往，消除心理障碍。批评这种气质的儿童应采取启发式的批评方式，多用暗示、提醒或启示，借助他人、他事的事实，运用对比的方式烘托批评的内容，使他们感到客观上的某种压力，认识自己的缺点错误。

对于抑郁质的儿童，由于他们比较敏感，不宜在公开场合点名指责；要多表扬其成绩，培养其自信心，激发其活动的积极性。

3. 注意和防止一些极端气质类型儿童的病态倾向发展

抑郁质和胆汁质儿童，如果稳定性过差，不能很好地控制自己，便会表现出一些病态倾向。抑郁质儿童在极不稳定情况下易发生像紧张、胆怯、恐惧、强迫等具有神经焦虑倾向的障碍；胆汁质儿童的极端化发展则可能与一些更具有攻击性和破坏性的行为有关。

作为幼儿教师在教学活动中，我们要了解每个儿童的气质特点，才能有针对性地进行教育。但是具有典型气质特点的人是少数的，生活中的多数人往往以一种气质类型为主，兼有其他的气质类型的特点，表现为混合型或中间型，在鉴别人的气质类型时，就必须注意具体分析，不能简单地说某人就是某种气质。要进行有针对性的教育，以达到良好的效果。

关于焦虑症的小知识

1. 焦虑症的症状

（1）焦虑或坐立不安。焦虑可以引起缺乏耐心和愤怒，并且既使是低度的压力，也使人难以应付。

（2）难以集中精力和正常思维。

（3）疲乏或浑身无力。

（4）往往会出现自杀念头。

（5）危害健康的症状表现有：连续头晕或暂时失去记忆、直肠出血、脉搏加速、手掌冒汗、慢性背痛、颈痛、慢性或严重头痛、颤抖、荨麻疹、情绪过度紧张无法承受、失眠等症状。

2. 焦虑症的自我心理治疗

（1）每天吃谷维素，一天3次，一次2粒，舒缓神经，帮助睡眠。

（2）用森田疗法，就是不把身体的症状放在心里，身体的不舒服，都是错误的信息，你不理会这些不舒服，你的症状就会慢慢减轻。

（3）用系统脱敏法或厌恶疗法治疗，最简单的方法是用一根皮筋套在手腕上，一有焦虑情绪或想法就用力弹一下，要感到疼痛才行，这也是一种强化。

（4）放下担忧，担忧都是扩大化的结果，人都是生活在担忧之中，人生下来就有万一，我们要接受这种万一。

（5）当紧张，非常不舒服的时候，做深呼吸，心理暗示自己，我的症状等会就好了，这是焦虑症的症状，是身体的错误信息，等会就好了，时间长了就好了。

四先生看戏——气质与行为

在国外的一座戏院，刚巧在开场的一刻，来了四位先生。第一位急匆匆奔到门口，就要入内。看门的人拦住他说："已经开演了，根据剧院规定，开场后不得入内，以免妨碍其他观众。"这位先生一听火冒三丈，与看门人争吵起来……正当他们吵得不可开交的时候，走来的第二位先生，趁他们吵架，灵机一动，立即侧身溜了进去。第三位先生走到门口，见状，不慌不忙，转回门外的报摊上，买了张晚报，坐在台阶上读了起来。他心里盘算：看戏是休闲，看报也是休闲，看不了戏，看看报也不赖。倒也自得其乐。第四位先生走到门口，见看戏无望，深深叹了口气，转过头去，自言自语道："我这个人真倒霉，连看场戏都看不成……"他越想越难受，干脆坐在门口叹息起来。

　　分析：这四位先生恰好代表了哪种典型的气质类型？请结合日常生活中的经验和所学内容对四位先生的行为进行分析，以小组为单位提交思考结论。

第二节 学前儿童的能力

结合生活实际并查阅相关资料，以学习小组为单位讨论：要想成为一名优秀的幼儿园教师应该具备哪些方面的能力？并以电子幻灯片的形式在课堂上进行演示分享，时间控制在 5 分钟以内。

任务一 了解能力的基本概念及种类

场景一：

王老师是非师范学校的大专学生，由于她很喜欢孩子，因此立志当一名幼儿教师。毕业后，她幸运地得到了这样一个机会，她今年要进入幼儿园工作啦！可当她真正进入幼儿园以后，事情远没有她想象的那么顺利。原以为上课是件很简单的事情，只要把孩子们所学的东西教给他们、把课上好就可以了，不需要什么专业知识和技能，也不需要什么课堂教学管理的经验。但是，当她第一次走进教室上课的时候，孩子们着实让她头疼。在讲课的过程中，她发现孩子们干什么的都有，有的孩子在认真地听课，有的孩子却在玩玩具，有的孩子在吃东西，更有的孩子在嬉戏打闹，从未上过课的她，真的不知道该怎么办了。

场景二：

　　李老师是师范类学校学前教育专业的学生，在毕业前曾在幼儿园实习过一年。毕业后，她也顺利地进入到王老师所在幼儿园。面对新的环境和挑战，她信心满满地告诉自己："我会认真地做好每一天的工作，全力以赴，加油！"第一天上课，面对熟悉的课堂和可爱的孩子们，她通过简单的游戏导入，吸引了孩子们的注意力，在整个课堂教学过程中，始终围绕着孩子的兴趣，充分调动孩子们的学习积极性，课堂气氛活跃，活动形式丰富多彩。一节课下来，寓教于乐，教学效果较好，李老师也十分轻松。

想一想

　　面对同样的课堂教学，王老师和李老师的教学效果却截然不同，请同学们运用网络资源及以下资料，以小组讨论的形式完成以下任务并展示任务成果：

　　1. 谈一谈王老师和李老师的教学效果截然不同的原因。

　　2. 思考如何才能保证课堂教学的顺利进行。

知识锦囊

资料卡一：你知道什么是能力吗？

　　能力是直接影响人的活动效率的心理特征，它是使活动任务得以顺利完成的必备心理条件。例如：想要唱好歌，就必须具备旋律感、节奏感等音乐能力；想要成为一名受学生欢迎的老师，就需要具备良好的言语表达能力、教学组织能力与完成教学任务相关的能力等。

　　情景呈现中的王老师和李老师的课堂教学能力有怎样的差异？请从专业知识与技能、课堂准备与管理、教育实践与经验等方面分析其课堂教学效果不同的原因有哪些。

资料卡二：能力的种类

1. 运动、操作能力和智力

　　运动和操作能力是指体育运动、生产劳动、技术操作等方面的能力，是手脑结合，协调自己动作并掌握和施展技能所必备的心理条件。

智力是指人认识事物的能力，是人们完成活动所必须具备的最基本和最主要的能力，包括感知力、记忆力、思维力、想象力等。

2、一般能力和特殊能力

一般能力是指为各种不同类型的活动所必需的能力。包括一般的运动、操作能力和智力。

特殊能力是指为某种专门活动所必需的能力。如音乐能力、绘画能力、数学能力

1. 王老师的课堂教学效果差，其主要原因：

（1）王老师系非师范专业毕业，未受过系统的教育教学理论知识和技能的学习，仅凭自己的个人的经验和感觉开展教学。

（2）缺乏相应的课堂教学和管理的实践经验，在课堂教学和管理能力上经验不足。

（3）王老师虽然十分喜爱孩子，但是在教学准备和信心上还不够充分。

综上所述，王老师在教育教学和课堂管理上的能力不足，使得其课堂教学效果不理想。

李老师的课堂教学果较好，其主要原因有：

（1）李老师系学前教育专业毕业，有较好的学前教育专业知识和技能。

（2）李老师有充分的课堂教学实践经验，曾在幼儿园实习过，为其新的课堂教育教学任务奠定了一定的基础。

（3）李老师在教学中比较自信，做了充足的教学准备。

综上所述，李老师在课堂教学中具备了一定的教学能力和课堂管理能力，使得其课堂教学效果较好。

2. 要想保证良好的课堂教学效果，需要教师具备多种教学和管理能力。

（1）要掌握一定的专业知识（如音乐知识、卫生保健知识等）和技能（如必要的运动、操作能力、数学能力、绘画能力等）。

（2）课堂教学准备要充分。

（3）不断地在实践中学习和探索，有一定的学习能力。

加德纳的多元智力理论

20 世纪 80 年代，美国著名发展心理学家、哈佛大学教授霍华德·加德纳博士提出多元智力理论。他指出，人类的智能是多元化而非单一的，主要是由语言智能、数学逻辑智能、空间智能、身体运动智能、音乐智能、人际智能、自我认知智能、自然认知智能八项组成，每个人都拥有不同的智能优势组合。

1. 语言智能

语言智能是指有效运用口头语言或文字表达自己的思想并理解他人，灵活掌握语音、语义、语法，具备用言语思维、用言语表达和欣赏语言深层内涵的能力结合在一起并运用自如的能力。他们适合的职业是：政治活动家、主持人、律师、演说家、编辑、作家、记者、教师等。

2. 数学逻辑智能

数学逻辑智能是指有效地计算、测量、推理、归纳、分类，并进行复杂数学运算的能力。这项智能包括对逻辑的方式和关系，陈述和主张，功能及其他相关的抽象概念的敏感性。他们适合的职业是：科学家、会计师、统计学家、工程师、电脑软件研发人员等。

3. 空间智能

空间智能是指准确感知视觉空间及周围一切事物，并且能把所感觉到的形象以图画的形式表现出来的能力。这项智能包括对色彩、线条、形状、形式、空间关系很敏感。他们适合的职业是：室内设计师、建筑师、摄影师、画家、飞行员等。

4. 身体运动智能

身体运动智能是指善于运用整个身体来表达思想和情感，灵巧地运用双手制作或操作物体的能力。这项智能包括特殊的身体技巧，如平衡、协调、敏捷、力量、弹性和速度以及由触觉所引发的能力。他们适合的职业是：运动员、演员、舞蹈家、外科医生、宝石匠、机械师等。

5. 音乐智能

音乐智能是指能够敏锐地感知音调、旋律、节奏、音色等能力。这项智能对节奏、音调、旋律或音色的敏感性强，与生俱来就拥有音乐的天赋，具有较高的表演、创作及思考音乐的能力。他们适合的职业是：歌唱家、作曲家、指挥家、音乐评论家、调琴师等。

6. 人际智能

人际智能是指能很好地理解别人和与人交往的能力。这项智能善于察觉他人的情绪、情感，体会他人的感觉感受，辨别不同人际关系的暗示以及对这些暗示作出适当的反应。他们适合的职业是：政治家、外交家、领导者、心理咨询师、公关人员、推销员等。

7. 自我认知智能

自我认知智能是指自我认识和有自知之明并根据此作出适当行为的能力。这项智能能够认识自己的长处和短处，意识到自己的内在爱好、情绪、意向、脾气和自尊，喜欢独立思考等。他们适合的职业是：哲学家、政治家、思想家、心理学家等。

8. 自然认知智能

自然认知智能是指善于观察自然界中的各种事物，对物体进行辨别和分类的能力。这项智能有着强烈的好奇心和求知欲，有着敏锐的观察力，能了解各种事物的细微差别。他们适合的职业是：天文学家、生物学家、地质学家、考古学家、环境设计师等。

任务二 理解学前儿童能力发展的趋势及特点

　　《世说新语》中有这样一则故事：王戎小时候很聪明，在7岁的时候曾经和众多小孩玩游。他们看见路边的李子树有很多果实，压弯了枝条，其他小孩争着跑去摘那些果实，只有王戎一动不动。有的人问他这样做的原因，他回答说："李子树长在路边却有很多果实，这些李子必定是苦的李子。"人们摘取果实品尝，的确是苦的。

树在道边
而多子，
此必苦李。

想一想

　　在实验观察中，通过儿童能力发展观察记录表，你能得出什么样的结论？

　　请结合日常生活中的经验和以下资料对以上资料进行分析，以小组为单位提交思考结论。

资料卡一：学前儿童的能力是如何发展的？

1. 从纵向看： 学前儿童的能力初步形成并进一步发展

年龄	大动作	精细动作	适应能力	语言	社交行为
1个月	拉着手腕可以坐起，头可竖直片刻	触碰手掌他会紧握拳头	眼球会跟红球过中线，稍有移动即可，听到声音有反应	自己会发出细小的声音	眼睛跟踪走动的人
2个月	拉着手腕可坐起，头可竖直短时(5秒)	俯卧时头可抬离床面，拨浪鼓在手中留提片刻	立刻注意大玩具	能发出 a/o/e 等元音	引逗时有反应
3个月	俯卧时可抬头45度，拖直时，头稳	两手可握在一起，拨浪鼓在手中留提0.5秒	眼球跟红球可转动180度	笑出声	模样灵敏，见人会笑

续表

年龄	大动作	精细动作	适应能力	语言	社交行为
4个月	俯卧时可抬头90度，扶腋可站片刻	震动并注视拨浪鼓	偶尔注意小丸，找到声源	高声叫，咿呀作声	认亲人
5个月	轻拉腕部即可坐起，独坐头身向前倾	抓住近处玩具	拿住一积木，注视另一积木	对人及物发声	见食物兴奋
6个月	俯卧翻身	会撕纸，把弄桌上一块积木	两手同时拿住两块积木，玩具失落会找	叫名字转头	自喂饼干，会找躲猫猫（手绢遮脸）的人的脸
7个月	独坐自如	把弄小丸（直径约0.5cm），自取一块积木，再取另一块	积木换手，伸手够远处玩具	发da-da，ma-ma，无所指	对镜有游戏反应，能分辨出生人
8个月	双手扶物可站立	拇指、无名指捏住小丸（直径0.5cm），手中拿两个积木，并试图取第三块积木（正方形，边长2cm）	持续用手追逐玩具，有意识地摇铃	模仿声音	懂得成人面部表情
9个月	会爬、拉双手会走	拇指、食指捏住小丸	从杯中取出积木（正方形，边长2cm）、积木对敲	会欢迎、再见（手势）	表示不要
10个月	会拉住栏杆站起身、扶住栏杆可以走	拇指、食指动作熟练	拿掉扣住积木的杯子，并玩积木；找盒内的东西	模仿发语声	懂得常见物及名称，会表示
11个月	扶物、蹲下取物；独站片刻	打开包积木的纸	积木放入杯中；模仿推玩具小车	有意识地发一个字音	懂得"不"；模仿拍娃娃
12个月	独自站立稳；牵一只手可以走	试把小丸投入小瓶；全掌握笔	盖瓶盖	叫妈妈、爸爸，有所指；向他要东西知道给	穿衣知配合
1~1.5岁	逐步学会走路，但走不稳	能准确地将小物件放入瓶中	会一块一块地连接积木	会说重叠的字音（如帽帽）	出现攻击性行为（如打人）
1.5~2岁	走路自如，开始会跑、攀登、踢球、扔球	逐渐会用水杯喝水，用勺吃饭	会搭6~7块积木且不倒	发音不正，词意不准，可以说出一些简短的双词句（如吃饭饭）	比较依恋妈妈
2~3岁	基本掌握了跳、跑、攀登等复杂的动作，会独脚站	会穿脱袜子，会用剪刀剪一下东西	会堆高8~10块积木	开始会说一些复合句（如这是什么？）	表现出同情、分享、助人的行为
3~6岁	攀、跑自如	手指更加灵活	用积木可以摆出各种造型	词汇量增长较快，逐步掌握了一些较高级的词（如香蕉、往苹果都是水果）	喜欢与同伴进行交往

总之，婴儿期的孩子在动作、语言、社交行为、智力等各方面发展很快。幼儿前期的孩子伴随着言语的发展，他们在动作、语言、社交行为、智力等方面更为精确，更具有自觉性。幼儿期的孩子在活动的过程中不仅积累了一定的知识，也学会了一些技能，同时他们的能力也得到了进一步的发展。

2. 从横向来看：学前儿童的能力存在一定的差异

（1）能力类型的差异

每个儿童在运用能力时有各自的特点。例如：有的儿童记忆能力很强，很长的儿歌、快板词等很快就能记住；有的儿童理解能力较好，对故事、计算的方法等很容易理解。在记忆时，有的儿童善于视觉记忆，有的善于听觉记忆；有的人对形象的东西能过目不忘；另一些人则能记住抽象逻辑

性强的东西。

（2）能力发展水平的差异

儿童在能力发展水平上也存在不均衡现象，绝大多数儿童的能力发展正常，但有少部分儿童的能力水平高于常态，也有少部分儿童的能力水平低于常态。

美国心理学家按智商的高低将智力分为九类：

智商	类别	智商	类别
140 以上	天才	70 ~ 80	近愚
120 ~ 140	极优	50 ~ 70	愚鲁
110 ~ 120	优秀	25 ~ 50	痴愚
90 ~ 110	中智	25 以下	白痴
80 ~ 90	迟钝		

（3）能力发展早晚的差异

资料卡二：学前儿童能力发展的特点？

（1）各种能力的显现与发展。操作能力最早表现，并逐步发展；语言能力在婴儿期发展迅速，幼儿期是口语发展的关键；模仿能力发展迅速，是幼儿学习的基础；认识能力迅速发展，也是幼儿学习的前提；特殊能力有所表现；出现了创造能力萌芽。

（2）出现了主导能力的萌芽、开始出现比较明显的类型差异。

（3）智力发展迅速。

能力与知识、技能

能力不同于知识和技能。能力是人在从事某种活动中表现出来的多种心理品质的概括化，而知识则是来自于人类社会历史经验的总结和概括，是对客观事物的规律性认识。技能是个人在自己的心智活动及生活实践中经过反复尝试和练习而逐渐习惯化了的、熟练的行为方式。

能力与知识、技能的相互关系主要表现为以下三个方面。

1.能力是掌握知识、技能不可或缺的前提

如，一个学生由于在推理和计算方面的能力，使得他很有可能掌握数学知识。

2.能力的高低影响着掌握知识、技能的难度、速度和程度，并影响对知识、技能的运用

如，同一个班级的学生，虽然受到同样的教育机遇，但是对知识的掌握、领会程度可能有很大的差异。这种差别除了与他们原来的知识水平、用功程度有关，也包含了能力方面的差异。

3.知识、技能的掌握也会对能力的发展起到促进作用

如，丰富的数学知识可以使一个学生的计算、推理能力得到提高。

能力与知识、技能密切相关，但并不存在绝对的因果制约性。也就是说，能力的高低还受到个性等其他因素的影响。

大器晚成者：60多岁才开始慢慢走入艺术的视野，到了90岁开始真的成名了。

1. 在实验观察中，随着年龄的增长，孩子的行为能力发生了怎样的变化？

2. 在案例呈现中，与其他小朋友相比，王戎在哪些方面的能力比较强？

 小提示

1. 在实验观察中，孩子的行为表现表明：随着年龄的增长和身体的发育，孩子各方面的能力也在逐步发展。具体表现在：在身体动作方面，由俯卧到逐渐攀、跑自如，手指的灵活性和精确性也在提高，身体动作的协调性和稳定性在逐渐提高；在语言方面，由原来的不会说话到逐渐会说很多词语，语言表达能力有了很大的提高；在社交行为和适应能力方面，孩子的能力也在不断发展。

2. 在案例呈现中，王戎通过观察发现长在路边的李子树果实众多却没人摘取，想必是有一定原因的，由此他推理李子可能是苦的，事实也证明他的推理是正确的。由此我们不难发现王戎在观察能力和逻辑推理能力方面要比其他小朋友突出，也说明不同的儿童在面对同一事物时所表现出的能力是存在差异的。

任务三　掌握学前儿童生活自理能力的培养方法

 情景呈现

4岁的小波是今年中（2）班的插班生，一来园，他就表现得非常活泼好动，在陌生的新环境中能和同伴友好相处，能积极参加教师组织的教育活动。可每当午睡时，其他小朋友都手脚麻利地脱好衣服裤子躺下了，他却坐在那儿"发呆"。无论老师怎么鼓励、赞扬，希望他自己动手，可他就是不动。一开始，老师以为他不想睡，可是过了一会儿他坐着就睡着了，还有几次穿厚厚的衣服时直接睡着了。后来，老师终于知道原来他是不会脱衣服，再后来经过了解才知道原来小波一直住在奶奶家。其实他一岁半的时，就能自己脱袜子和衣服，后来由于爷爷奶奶的溺爱，包办了，才造成他如今在自理能力上的欠缺。

想一想

　　生活中这样的事例比比皆是，请结合生活实际，并以小组为单位，结合以下资料进行思考并提出合理建议。

　　1. 小波为什么会在生活自理能力有欠缺的表现？

　　2. 如果你是小波的老师，你会给小波的家长提出怎样合理化的建议？

知识锦囊

资料卡一：你知道什么是生活自理能力吗？

　　生活自理能力是指人们在生活中照顾自己的行为能力。对于幼儿来说，让他们掌握基本的生活自理能力，对他们以后的生活和学习都非常重要。

　　（1）培养幼儿生活自理能力是幼儿适应幼儿园集体生活的需要。

　　幼儿从家庭进入幼儿园，对他们而言，开始正式步入集体生活，他们喜欢在幼儿园学习、生活，但不会洗手、不会上厕所、不会穿衣服等生活上的问题，会直接影响幼儿能否很快的适应幼儿园的集体生活。

　　（2）培养幼儿的自理能力能促进幼儿的大小肌肉群和动作协调性的发展。

　　意大利著名教育家蒙台梭利指出，动作教育是日常生活练习的课程之一，其主要目的是培养幼儿的自我管理能力，培养其责任感及良好的生活习惯。对幼儿进行生活自理能力的培养不仅能促进幼儿肌肉群的发展，还能促进其动作协调性的发展。如吃饭，幼儿不仅学会手喂饭的动作技能，还发展了幼儿的手指肌肉的灵活性及手眼的协调性。

　　（3）培养幼儿自理能力有助于培养孩子独立自信、不依赖成人的性格。

　　在孩子学习生活自理能力技能过程中，老师给予适当的鼓励，可以帮助孩子树立其自信心，让孩子懂得自己的事情自己做，孩子在提高能力的同时，也培养了勇于面对困难，敢于克服困难的信心。

资料卡二：造成幼儿生活自理能力较弱的原因有哪些？

造成幼儿生活自理能力较弱的原因：

　　（1）家庭成员的溺爱、包办。

　　（2）孩子没有掌握自理的方法和技能。

　　（3）缺少必要地反复练习的机会。

资料卡三：如何培养学前儿童的能力？

幼儿生活自理能力应如何培养？

　　（1）家长要教会孩子基本的生活自理方法和技能。

（2）为孩子生活自理创设必要的、合理的条件。

（3）根据孩子身体发展的特点，逐步提出要求，从易到难，从简到繁。

（4）要持之以恒，反复练习。

（5）适时引导儿童，激发儿童的兴趣。

1. 小波之所以在学校出现不会脱衣服的行为，主要有以下原因：

（1）爷爷奶奶的长期溺爱和包办代替，使小波没有足够的练习机会。

（2）小波在大人的干涉下，未能长时间的练习。

2. 孩子的教育和成长离不开学校和家庭的密切合作，作为一名教师，密切与家长的合作，实现家园共育，是教师应尽的职责。针对小波的实际情况，我们可以从以下几个方面着手：

（1）为孩子创设必要的、合理的条件，锻炼幼儿的生活自理能力。不管是在幼儿园还是在家里，孩子自己能做到的事情一定要让孩子自己去做，切忌大人包办代替。

（2）要教给孩子一些基本生活自理的方法和技能。有些时候不是孩子不想去做，而是孩子的动作和技能发展水平还没有达到相应的程度，随着孩子身体及心理的逐渐发展，我们可以适当的交给孩子一些必要的生活技能和方法，如，穿、脱衣服等。

（3）要适时的引导孩子，激发孩子的兴趣，根据孩子身体发展的特点逐步提出要求，从易到难，从简到繁。

（4）要持之以恒，反复练习。

培养方法	分析
正确了解儿童能力发展水平	日常生活中，大人通过与幼儿的长期接触，通过日常观察，大致也可以粗略地评定一个幼儿能力发展的水平。比如，幼儿在很小的时候就特别喜欢画画，而且在画画方面表现出很高的天赋，我们就可以粗略地判定这个小孩在画画方面的能力较好。与此同时，对幼儿的评定我们要尽量避免评价者主观因素的影响，要客观地评价幼儿能力发展的实际水平
指导儿童掌握相关的知识技能	幼儿在掌握了与能力相关的知识技能后，对于其能力的发展无疑是有很大帮助的。例如，指导幼儿正确地使用握笔的方法和绘画的步骤、技巧以及绘画材料的使用，可以促进幼儿绘画能力的发展
激发兴趣	儿童对周围事物的兴趣在一定程度上直接影响着儿童参与某项活动的机会，进而影响儿童能力的发展。凡是儿童感兴趣的事物，儿童就会投入很大的精力并使其能力得到更多的锻炼。因此，作为幼儿教师，我们可以在生活和学习中激发儿童更多的兴趣，让儿童在快乐的活动中锻炼自己的能力

续表

培养方法	分析
能力与个性其他品质的良好配合	"勤能补拙"是中国的一句俗话，它的含义表明了能力发展和良好个性的形成相辅相成，互为促进。一个在性格上大胆、开朗、勇于探索和不畏困难的人，就会比一般人有更多的机会去锻炼和发展自己的能力
组织儿童参加各种活动	儿童的能力在活动中可以得到充分的锻炼。在活动中，儿童可以有充分的动手操作和实践机会。在实践操作中，儿童会遇到各种各样的问题，在解决问题过程中，儿童会不断地思考、摸索并寻求一定的帮助，也正是这样使得儿童可以充分锻炼自己相应的能力
教育好能力异常的儿童	在我们日常的生活学习中，我们会碰到一些儿童，他们极其聪明，智商极高，在某些方面也表现出了非凡的能力，我们可以称这些儿童为"天才"。对于这样的儿童，我们一定要因势利导，不断地帮助、开发他们的潜能，使他们的能力得到更好的展现。 反之，对于一些天生能力较差的儿童，或者智力存在缺陷的儿童，我们也要及时发现并进行相应的治疗和帮助，使他们过上正常儿童的生活

神童的故事

方仲永家住金溪，家中世代以耕田为业。仲永长到 5 岁时，不曾认识书写工具，忽然有一天仲永哭着索要这些东西。他的父亲对此感到很诧异，就从邻居那里把笔、墨、纸、砚借来给他。仲永立刻写下了四句诗，并自己题上自己的名字。这首诗以赡养父母和团结同宗族的人为主旨，给全乡的秀才观赏。从此，指定事物让他作诗，方仲永立刻就能完成。同县的人们对此都感到非常惊奇，渐渐地都以宾客之礼对待他的父亲，有的人花钱求取仲永的诗。方仲永父亲认为这样有利可图，就每天带着仲永四处拜访同县的人，不让他学习。过了很多年，方仲永和一般人并没有什么不同，看到他时，人们都遗憾地摇着头，可惜一个天资聪颖的少年最终变成了一个平庸的人。

思考：方仲永小时候表现出奇特的才能，长大后却成了普通人，如果是你方仲永的家长，你会怎样做？

实践：请运用本节课相关知识思考探究面对智力落后的儿童，我们应该怎样教育？

第三节　学前儿童的性格

　　东方古语云："积行成习，积习成性，积性成命。"西方也有名言："播下一个行为，收获一种习惯；播下一种习惯，收获一种性格；播下一种性格，收获一种命运。"可见东西方对性格形成的看法都一样，在日常生活中，我们也常说某人性格倔强，某人性格温和，那么到底什么是性格呢？请结合日常生活中你周围所认识的人，说一说他们的性格特征，时间控制在 5 分钟以内。

任务一　理解学前儿童性格的定义

"拾柴火"的自然实验

　　曾有人做了一个"拾柴火"的自然实验，实验对象是保育院的 40 名孩子，实验是在冬天的晚上进行的。实验者把湿柴放在附近的棚子里，而把干柴放在较远的山沟里。要求学生必须在晚上去拾柴生火取暖，自己则隐蔽在一旁观察孩子们的动静。冬天的黑夜是寒冷而可怕的，结果发现有的孩子兴高采烈地到山沟里去了；有的则边走边发出怨言；有的不敢走远，只是到附近的棚子里去取湿柴。后来，实验者给孩子们讲了有关勇敢者的故事，于是到山沟里取柴的人渐渐多了，经过几个月的教育和观察，发现有 20 名孩子发生了较大的变化。

想一想

请同学们结合上述情景及以下资料，理解并思考以下问题，以小组讨论的形式完成任务并展示结果。

1. 结合资料谈一谈孩子在对待冬天夜里拾柴的任务时的不同态度和行为表现，如果是你，你会怎么做？

2. 谈一谈部分孩子的态度和行为表现发生变化的原因有哪些？

资料卡一：你知道什么是性格吗？

性格是指一个人对待现实的态度和与之相适应的习惯化的行为方式，它是个性中最稳定的心理特征。

🖊 **有关描述人的性格特点的词语：**

勤劳、懒惰、坚毅、慷慨、正直、谦虚、吝啬、勇敢、胆小……

小事例

"孔融让梨"反映了谦让、利他的性格；"守株待兔"反映了一个人懒惰、愚顽的性格特点。

我们可以从以下几个方面来理解性格的定义：

（1）性格是人在现实社会中形成的个性品质，它经常与个体的价值观、信念、需要等个性倾向性相联系。

一个人的性格总与现实社会相联系，人们也常用社会道德标准来评价性格，符合大多数人的利益，有益于社会的性格，如正直、慷慨、与人为善等被认为是好的；而损害他人利益、危害社会的性格，如懒惰、吝啬、见利忘义等则被认为是不好的。

（2）性格是一组能展示个人独特风貌的心理特征的总和。

例如，星星在平常工作与生活中，对待他人热情、诚恳；对待工作精益求精，任劳任怨；对待生活严肃认真且显得有些刻板固执。从这些方面，我们可以看出他的一个统一风格，而这些心理特征之总和即构成了性格。

（3）性格具有相对稳定性。个体一旦形成某种性格，便会时时刻刻都表现出统一的态度或行为方式。例如，一个吝啬的人，会处处表现出斤斤计较；一个鲁莽的人，会常常冲撞别人。

但是性格并不是一生不变的，在后天教育和环境的影响下，也会发生变化。例如，一个性格怯懦、胆小怕事的人，由于生活的锻炼，会变得越来越胆大且自信。

情景呈现中的孩子在对待相同的事情上各自的态度和行为方式是怎样的？

资料卡二：怎样理解性格和气质的关系？

性格与气质的区别与联系

区别	气质主要是先天获得的，较难改变，也无好坏之分；而性格则主要是后天养成的，有可塑性，有好坏善恶之分
	气质与性格彼此具有相对独立性，同种气质类型的人（如多血质）可以具有不同性格特点（如有的慷慨大方，有的吝啬尖刻），不同气质类型的人也可以有类似性格特点
联系	不同气质可以使各人的性格特征显示出各自独特的色彩。如多血质的人用热情敏捷来表达勤劳，而抑郁质的人则以埋头苦干来展示这同一性格特征
	某一气质会比另一气质更容易促使一个人形成某种性格特征。如黏液质的人比胆汁质的人更容易养成自制力
	性格也可以在一定程度上掩盖和改造气质。一位黏液质的教师会由于多年从事幼儿教育工作，而渐渐变得活泼、开朗

性格可以在后天的环境中发生变化吗？

小提示

1. 由以上实验可以看出孩子们对待冬天夜晚取柴以便烤火取暖这个相同的客观现实，各人的态度和行为是不一样的。有人不怕黑、不怕冷，高高兴兴地到山沟里去取干柴；有人虽然也去山沟，却嘟嘟囔囔不愿意；有的怕黑又怕冷，图方便就就近取湿柴等。可见每个孩子对待相同的事情会产生不同的态度，因而采取的行为方式也不同。

在心理学中我们将他们这些态度和行为称为性格特征。用科学术语说，性格是一个人对现实的态度和行为方式中稳定的心理特征。所谓对现实的态度，反映了人们追求什么、拒绝什么，表明人们活动的动机和方向。而行为方式即在其态度下与之相适应的行动，即人们如何去追求他所要得到的事物，如何避免他所要拒绝的事物，并且这种态度是稳定的，行为方式也是习惯化了的行为方式。以上述实验为例，说某个孩子是勇敢的，不仅是说他的态度，而且尤其是指在寒冷的黑夜里到山沟去取柴的行动，而这又是经常性的、稳定的。所以恩格斯认为：一个人物的性格不仅表现他在做什么，而且表现他怎么做。

2. 经过几个月的教育和观察，20名孩子的态度和行为发生了较大的变化，到山沟里取柴的人渐渐的多了，其原因除了克服自身先天的恐惧心理，还与教师的教育和同伴的影响等社会环境因素是分不开的。

影响性格的因素

自身因素——遗传	客观因素——社会环境
生理特征（相貌、身高、体重等）	家庭
生物成熟的早晚	学校
神经系统的遗传特征	社会实践
性别差异	

性格与能力的关系

（1）能力的形成与发展受性格特征的制约，良好的性格特征能促进能力的形成和发展。例如性格活泼热情、思维敏捷的人，更容易成为优秀的演说家；而性格冷淡、沉默寡言的人则很难成为一个很好的演说家。

（2）在多种能力的形成和发展的过程中，相应的性格特征也会发展起来。例如幼儿园管理人员，随着管理能力的提高，她的性格也可能越来越沉着冷静。

任务二　掌握学前儿童性格发展的特点

幼儿园小班正在进行识数活动，内容是手口一致的点数"2"。李老师提问一个小朋友："你数一数，你长了几只眼睛？"小朋友回答："长了3只。"年轻老师一时生气，就说"长了4只呢。"那小朋友也跟着说："长了4只呢。"老师说："长了5只。"那小朋友又说："长了5只。"老师气的直跺脚，大声说："长了8只。"小朋友也跟着猛一跺脚说："长了8只。"老师忍不住笑了起来，那个小朋友还以为对了，也咧开嘴天真地笑了。

我长了3只眼，4只眼，5只眼……

想一想

案例中小朋友表现出什么样的性格特点？教师的做法对吗？请结合日常生活中幼儿的表现及以下资料对上述小朋友的行为进行分析，以小组为单位提交思考结论。

资料卡：你了解学前儿童性格的发展特点吗？

1. 学前儿童性格的萌芽

（1）儿童性格的最初表现是在婴儿期。

一般来说，母子关系在婴儿性格的萌芽过程中，起着重要的作用，如果母亲能够很好地照顾自己的孩子，那么会使婴儿从小得到极大的安全感，从而形成对母亲的信任和依恋，为以后良好性格的形成打下基础。

2 岁左右，随着儿童心理的发展，出现了最初性格方面的差异，主要表现在：

合群性	在儿童与伙伴的关系方面，可以看出明显的区别，如有的孩子比较随和，富于同情心，看到小伙伴哭了会主动上前安慰，当发生争执时，较容易让步；而有的孩子则存在明显的攻击性行为
独立性	独立性是婴儿期发展较快的一种性格特征，独立性在 2～3 岁变得明显。独立性强的孩子可以做很多事情，如有的孩子在两岁多时就可以用筷子吃饭、自己洗手等，而有些孩子吃饭还得大人追着喂；有些孩子可以独自睡觉，而有些孩子离不开妈妈，表现出很强的依赖性
自制性	在 3 岁左右，在正确地教育引导下，有些儿童已经掌握了初步的行为规范，并学会了自我控制，如不随便要东西，不抢别人的玩具，当要求得不到满足时也不会无休止地哭闹。而另一些孩子则不能控制自己，当要求得不到满足就以哭闹为手段，要挟父母
活动性	有的儿童活泼好动，手脚不停，对任何事物都表现出很强的兴趣，且精力充沛；而有的儿童则好静，喜欢安静地游戏，一个人看书或看电视等

（2）成人的抚养方式和教育在儿童性格的最初形成中有决定性意义。

儿童的气质类型对父母的教养方式有较大的影响。

比如：性急的孩子饿了立刻大哭大闹，使得成人不得不马上放下一切其他事情，急忙给他喂奶。而对于那些饿了只是断断续续地细声哼哼唧唧的婴儿，成人则可能把手头的事情做完，再去喂奶。日积月累，前一种儿童可能形成不能等待别人，自己的要求必须立即得到满足的态度和行为习惯，而后一种儿童则可以养成自制的性格特征。

父母的教养方式在儿童性格形成的过程也会产生一定的影响。

比如：成人总是要求儿童东西要放得整整齐齐，衣服扣子要扣好，手脏了要立刻去洗等，这种耳濡目染的周围现实使得婴儿在潜移默化中形成了逐渐稳固的态度和行为习惯，也就是喜整洁、爱劳动等性格特征。再比如，婴儿看见糖就拿过来吃，甚至大把大把地抓到自己身边，这时如果不加

以教育，反而报以赞赏的表情和语言，那么就会使"独占"的种子得以孕育。反之，如果经常注意引导同众人分享，则可以为良好的性格特征的形成打下基础。

2. 幼儿期幼儿性格的年龄特点

（1）好动。我们经常会看见，幼儿总是不停地在做各种动作，不停地变换着活动的方式。比如我们身边的小孩，我们不难发现：不管他们有没有玩具可玩，他们总是那么有精力。幼儿不会因为自己的不断活动而感到疲劳，而往往会一个东西把玩很长时间，玩完这个又开始玩另一个。幼儿这种活泼好动的特点也正是幼儿生长发育的需要，通过不同的活动，不断促进幼儿身体动作的协调、智力等各方面的发展。

（2）好奇、好问。幼儿的好奇心很强，周围的很多事物对他们来说都是新奇的，在好奇心的驱使下，儿童什么都想看看、摸摸，幼儿的这种好奇心往往会表现出一定的探索行为和提出相应的问题。

好问，是幼儿好奇心的一种突出表现。他们经常会问"是什么"和"为什么"，甚至会一直追问下去，他们总是试着去认识世界，弄清究竟。

（3）好模仿。好模仿是幼儿突出的性格特点。幼儿很喜欢模仿别人的动作和行为，在幼儿园，如果一个幼儿说"我爸爸给我买了一支手枪"，立即就会有幼儿跟着说"我爷爷也给我买了一支手枪""我妈妈给我买了一支手枪"，等等。

利用模仿作为一种教育手段，会获得良好的成效，所以有经验的教师要特别注意为幼儿树立良好的榜样，使幼儿在模仿中学习。比如，上课时老师说："看，小明坐得多直！"顿时就有好多孩子挺起腰来。

（4）好冲动。幼儿好冲动的性格特征与他们做事情缺乏深思熟虑有一定的联系。比如幼儿喜欢做事情，但做事时急于完成任务，常常比较马虎、粗心大意，不计较成果的质量。

小提示

情景呈现中的教师在提问小朋友点数"2"的过程中，那个小朋友在之后的回答都是模仿着教师，教师说长了几只眼，小朋友就回答长了几只眼，表现出好模仿的性格特点。在日常生活中好模仿也是幼儿突出的性格特征，幼儿最喜欢模仿别人的动作和行为。

教师的做法欠妥，案例中充分说明了好模仿是幼儿突出的性格特点，同时也说明，老师的言行举止对幼儿的行为会产生一定的影响，因此要求教师树立良好的榜样，正确引导幼儿去学习。有经验的教师特别注意为幼儿树立良好的榜样，使其在模仿中学习。教师应特别注意，绝不能在幼儿面前做出错误的行为，不能说反话，否则将引起不良的后果。

你知道吗

幼儿好模仿的特点还与以下因素有关：
（1）与幼儿能力发展有密切关系。
（2）幼儿的模仿和他们的受暗示性有关。
（3）幼儿的好模仿也和其自信心不足有关。
（4）与幼儿的行为会受到榜样的影响。

任务三　掌握培养学前儿童良好的性格的方法

情景呈现

李某某，男，今年6岁，学前班学生。父亲在政府部门工作，母亲是一名中学老师。该幼儿平时能比较积极大胆地表达自己的意愿，喜欢动手操作，唯一的缺点就是脾气暴躁，有时会无缘无故大发脾气，很吓人。有一次上课，老师发现他同桌的小女孩眼泪汪汪的，就问："某某，怎么了？"她说他刚才抢她的东西。老师就说："李某某，你怎么能……"话还没说完，

他站起来就把桌子掀过一边去，并说幼儿园不好玩，要回家，大吵大闹起来，老师也拿他没办法。最后请来他妈妈，把他领回家，经过中午的教育，下午来园后他就主动向老师和小朋友道歉。据他妈妈反映，他从小就脾气暴躁，有时大人也敢打，但爸爸妈妈都不是这种性格，也许是他妈妈怀孕时家里发生不愉快的事，一直心情不好的缘故，也不知道该如何才能把他这种脾气改正过来。

想一想

案例中小朋友的脾气暴躁着实让他的妈妈头疼，请你为李某某的妈妈提出一些建议，帮助李某某把这种脾气改正过来。请结合生活实际和以下资料，以小组为单位提交合理化的解决方案。

资料卡：如何培养学前儿童良好的性格？

1. 加强思想品德教育

（1）日常生活是实施幼儿德育最基本的途径。在幼儿一日生活的各个方面，我们可以渗透良好性格的培养，比如我们可以通过日常生活的常规训练，培养幼儿诚实、勇敢、自信、关爱他人等品德和行为习惯。

（2）教师也可以结合本班幼儿的实际情况和行为表现，有目的、有计划地组织专门的德育活动。

（3）利用游戏培养幼儿良好的性格特征。

小事例

有些幼儿在日常生活中表现的固执任性，而在游戏中，为了使自己不被游戏伙伴所排斥，便会主动抑制自己的性格缺点，慢慢地学会随和与合作。

2. 树立良好榜样

在儿童成长的过程中，在一定程度上会受到周围榜样力量的影响。研究表明，很多时候儿童都会以自己的家长和教师作为榜样，因此，不管是教师还是家长，我们都应该为儿童树立良好的典范和人物形象，使儿童向着更好的方向发展。

3. 个别指导，因材施教，引导幼儿参加集体生活和实践活动

每个儿童都是一个不一样的个体，他们的行为习惯和性格特点或多或少都存在一定的差异，因此，在儿童的成长过程中，我们应该秉着"一把钥匙开一把锁"的教育态度，做到因材施教，正确引导儿童的发展，从而培养儿童良好的性格。

名人名言：

孩子们的性格和才能，归根结底是受到家庭、父母，特别是母亲的影响最深。孩子长大成人以后，社会成了锻炼他们的环境。学校对年轻人的发展也起着重要的作用。但是，在一个人的身上留下不可磨灭的印记的却是家庭。

——宋庆龄

宋庆龄

4. 重视家庭的因素和发挥家长作用

父母的文化程度、教养方式、生活习惯对儿童性格的影响也是不容忽视的。心理学研究表明，父母尤其是母亲对儿童性格的影响极大，母亲对儿童果断性、思维水平等行为特征会产生影响，而父亲对儿童自制力、灵活性会产生一定的影响。因此，在儿童性格的形成过程中，幼儿园一定要争取家庭的配合，做到家园共育。

5. 巩固幼儿良好的性格特征，克服性格方面的缺陷

对于儿童良好的性格行为表现，我们要及时加以强化，使其得以巩固，而对于儿童不良的性格行为表现，我们要及时发现并加以教育，使其改正，从而让儿童朝着良好的方面发展。

针对情景呈现中李某某的性格，你觉得我们应该怎样去做？

 小提示

本案中李某某脾气暴躁的这种性格是在长期的日常生活中形成的，与其家庭环境有很大的关系，比如父母的娇惯、家庭环境的优越、家庭不正确的教养方式等。针对以上情况，我们可以采用以下方法进行引导教育。

（1）树立父母良好的榜样，正确地引导孩子的行为。

（2）家庭教育与学校教育相结合，尤其是要与老师相互配合，实现家园共育。

（3）加强思想品德教育，正确地引导儿童与他人和谐相处。

（4）利用游戏培养儿童的合作行为。

 你知道吗

性格的表现
- 性格在活动中的表现：分析、概括、独立思考、易受影响等
- 性格在言语中的表现：开朗、善于交际；夸张、自负、爱表现等
- 性格在表情、姿态、服饰上的表现：满面笑容、愁眉苦脸、喜形于色等

小女孩的交往

一个小学二年级的小女孩，为了让许多小朋友跟她玩，就买了一些小玩具戒指，并告诉同学，谁有这种小戒指就可以跟她玩。从她妈妈那里得知，用玩具等新颖物品作为结交伙伴的手段是该女孩在幼儿园时就有的。因为这个女孩长得个子矮小，在班上伙伴少，为了和别人有更多机会玩，她就经常从家里拿一些好的玩具去"贿赂"那些在班里较有"地位"的孩子。这种特定行为持续到小学二年级，并成为她一个典型的行为特点。

思考：据此分析幼儿的性格对其今后的发展可能产生哪些影响？成人应如何帮助幼儿形成良好的性格特征？

双胞胎兄弟的不同命运

有一对双胞胎兄弟，哥哥是城市里是最顶尖的会计师，弟弟是监狱里的囚徒。一天，有记者去采访当会计的哥哥，问他成为这么棒的会计师的秘诀是什么？哥哥说："我家住在贫民区，爸爸既赌博，又酗酒，不务正业;妈妈有精神病，我不努力，能行吗？"第二天，记者又去采访当囚徒的弟弟，问他失足的原因是什么？弟弟说:"我家住在贫民区，爸爸既赌博，又酗酒，不务正业;妈妈有精神病，没有人管我，我吃不饱，穿不暖，所以就去偷去抢……"

思考：如何看待兄弟两人的差别？

第七单元　学前儿童的人际交往

学习目标 ◀

　　1.理解人际交往、亲子交往、依恋、师幼关系、同伴交往的含义。

　　2.了解学前儿童依恋的类型、发展、过分依恋的表现及安全型依恋形成的策略。

　　3.了解同伴交往的类型、作用及师幼关系对幼儿的影响。

　　4.明确师幼关系中教师的角色。

　　5.认识学前儿童人际交往、亲子交往的重要性及师幼关系对幼儿的影响。

　　6.掌握亲子交往的引导、幼儿交往能力的必备要素及建立良好师幼关系的策略。

第一节　学前儿童交往的重要性

　　搜集学前儿童在日常生活中有关人际交往的行为表现，以小组为单位整理资料，并以电子幻灯片的形式在课堂上进行演示分享，时间控制在5分钟以内。

任务　认识学前儿童人际交往的重要性

　　文文进入幼儿园的时间不短了，但是迟迟不能适应。早上来园，总是用戒备的眼神看着同伴和老师，虽然不哭也不闹，可是却老是一个人独处在一个角落里，既不参与到小朋友中间来，对孩子们开展的游戏活动也不感兴趣。看着文文瘦小的身体、难得有笑意的脸蛋，老师也经常会心生怜意，主动和他拉近距离，逗他开心。可即使是善意的亲近，他也总是抗拒。文文不仅抗拒老师，也抗拒自己的小伙伴。除了喝牛奶、吃点心的时间，其他任何时候都不喜欢和大家在一起。每当闯祸之后受老师批评时，他就更加沉闷、孤独，对别人不理不睬。针对这些现象，老师和家长进行了交谈，才知道孩子长期住在高楼里，爸爸妈妈工作忙，很少和孩子在一起，平时只有一个保姆陪伴，但和孩子交流也很少。住楼房，导致文文与外界的接触以及与小朋友交往的机会大大减少。

想一想

　　文文为什么会有这样的行为表现？请同学们阅读以下资料及网络信息，以小组讨论的形式完成以上任务并展示结果。

知识锦囊

资料卡一：你知道什么是人际交往吗？

　　人际交往就是人与人之间的交流和往来。它是人与人之间通过一定的方式进行接触，从而在心理上、行为上发生相互影响的过程。

　　文文的人际交往正常吗？

资料卡二：你知道这个事实吗？

　　美国卡内基理工学院分析了一万个人的记录后得出结论：15%的成功者是由于技术熟练、头脑聪明和工作能力强；85%的成功者是由于个性因素，即具有与人成功交往的能力。反之，在生活中失败的人，90%是因为不善于与人展开有效交往导致的。美国的著名学者戴尔·卡耐基说过："一个人事业的成功，只有15%靠的是他的专业技术，85%则取决于人际关系。"可见人际交往的重要性。然而，研究表明，成年后的人际交往状况，往往与幼年时的人际交往能力有着密切的联系。

　　文文现在的行为表现对他未来的生活可能会有怎样的影响？

资料卡三：你知道人际交往对学前儿童发展的重要性吗？

1. 交往是学前儿童的基本需要。孩子从小就表现出与人交往的需要：当妈妈喂婴儿吃奶时，孩子会用眼睛看着妈妈或以笑作答；八、九个月大的婴儿便会互相摸抓，以表示亲热；年龄大一点儿童的则因为有共同的乐趣、相互能懂的语言，很自然地在一起玩耍

2. 交往有利于学前儿童的智能发展。2~6岁是人际交往智能成长的关键时期，当妈妈生病时，能理解、感受妈妈的难受，并且说一些关心的话语；对游戏过程中出现的矛盾和纠纷，能够学会克制独占、利己的想法，能与他人共同协商等等

3. 交往有利于学前儿童的身心健康发展。研究表明：缺少正常人际交往的孩子，往往会表现出如下适应困难：拘谨胆小、害羞怕生、孤僻退缩，或以自我为中心、不能合作、任性攻击。而人际交往中的尊重、分享、合作、关心则是预防和治疗这类心理问题的灵丹妙药

文文所处的生活环境能满足文文的人际交往需要吗？

造成文文这种人际交往障碍的原因主要有以下两个方面：

一是因为住楼房，文文与外界的接触以及与小朋友交往的机会大大减少，这在一定程度上限制了他身心协调发展，使他失去了心理健康发展的基础——交往活动。所以，文文尽管有吃有穿，但是幼小的心灵是孤独的，于是孩子变得越来越内向，逐渐地失去了天真活泼的性格，慢慢地变得性格孤僻。

二是成人对幼儿心理健康问题的忽视和不正确的教养态度，也是幼儿不合群产生的主要原因。文文的爸爸妈妈都忙于工作，忽视了在其成长期中，应给孩子正确的引导和创设良好的交往活动机会。幼儿好动好玩的天性受到了压抑，产生孤独感、压抑感，甚至形成孤僻、不合群的不良性格也不足为奇。有时家长宁肯花大价钱给孩子买现代化的玩具，聘请保姆，也不准孩子离家半步。实际上很多孩子是渴望交流的，只是他们因为年纪小，还不知道怎么和别人交流，遇到一点挫折又没有得到及时缓解就极容易封闭自己，特别是对3岁入园前后有一定交往能力和交往取向的幼儿要特别注意。

1. 交往是学前儿童的基本需要

与人交往是孩子的基本需要。妈妈给婴儿吃奶，孩子会用眼睛看着妈妈，或者以微笑回应；八月左右的婴儿会互相摸抓来互动；年龄稍大的孩子通过相互能懂的语言进行互动，一起玩耍。

2. 交往有利于学前儿童的智能发展

学前期是人际交往智能发展的关键时期。在与妈妈相处的过程中，体谅妈妈的辛苦，学会理解、关心妈妈；在游戏时出现矛盾，能够学会换位思考，克服利己的想法，能学会与他人协商解决问题等。

3. 交往有利于学前儿童的身心健康

缺少正常人际交往的孩子，往往会表现出适应困难，如拘谨胆小、害羞怕生、孤僻退缩，或自我中心、不能合作、任性攻击等，而人际交往中的尊重、分享、合作、关心则有利于幼儿心理的健康发展。

第二节　学前儿童的亲子交往

前置作业

采访身边家庭，了解其亲子交往状况，整理分析亲子交往的现状，课前进行讲述。

任务一　掌握帮助家长建立良好亲子关系的方法

情景呈现

晚上，2岁半的可可在独自玩自己的芭比娃娃，一会儿给她"梳理头发"，一会儿又给她脱、穿衣服，玩得很开心。当她给芭比娃娃穿上白色裙子时，对妈妈说："妈妈，你看她像不像白雪公主呀？"爸爸的眼睛盯着电视说："像。""那你给我讲白雪公主的故事吧！""过一会儿。"妈妈的眼睛仍然没有离开电视。"不行，这会儿就讲。""我说，你这孩子怎么这么不听话呀，自己玩。"妈妈生气地说。

想一想

可可妈妈的做法对吗？为什么？如何帮助可可妈妈克服这种不正确的亲子交往方式？请同学们阅读以下资料及网络信息，以小组讨论的形式完成以上任务并展示结果。

资料卡一：你知道什么是亲子交往吗？

亲子交往就是指儿童与其主要抚养人（主要是父母）之间进行的，伴随情感关系的交往过程。人们也常常把它称为亲子关系。婴幼儿时期的亲子关系对孩子性格的形成、品质的培养、意志的磨炼、与人交往模式的建立都起到了决定性的作用。

可可家的亲子交往方式正确吗？

资料卡二：你听说过这个实验吗？

恒河猴社会剥夺实验

知名心理学家哈罗把刚出生的小猴和母猴分离，拿用铁丝绑有奶瓶制成的"铁丝妈妈"和用布片制成的"布片妈妈"来代替真正的猴妈妈养育小猴。结果发现，这些被模拟妈妈抚养长大的猴子与其他处于正常环境下长大的猴子相比，显示出许多异常的行为方式。有的性格易怒，有的则孤僻，害怕与人交往。猴子身上的事情在人类身上同样会发生，心理学家鲍尔比等人的研究都证实了这个问题。心理学研究认为，亲子关系对儿童的社会化、认知能力、人格发展、人际关系等具有极其重要的影响。

这个实验说明了什么？

资料卡三：你知道亲子交往作用吗？

1	2	3
儿童安全感形成的重要因素 许多心理学研究成果表明：童年早期只有与父母一起生活的儿童，才能在其心理深层形成一块"磐石"，人无论走到哪里，只要有这块"磐石"，他的心理就是踏实的，即形成了很好的安全感	儿童自信心形成的重要条件 社会化的过程规范儿童各自的行为，使之符合社会化模式。由于儿童的自然本能，其中有许多并不符合社会要求，因此就必须通过教育等对其加以抑制，倘若父母不在其身边，这种本能的生理需求，就不能给予及时地满足，也不能给孩子及时地引导	儿童身心健康发展的重要保证 良好的情绪会促进食欲，使他们精神饱满地参加活动，此外良好的情绪还有利于儿童的睡眠，保证机体生物钟的正常运行，促进身体健康。消极的情绪则会影响儿童的生理发育，而往往影响学前儿童消极情绪的主要是亲子情感

4	5
亲子交往影响学前儿童的认知发展 亲子交往影响学前儿童的认知发展，主要涉及两个方面：一是提供外部信息刺激的量。表现在父母能否与学前儿童频繁地交往，并为他们创造丰富多彩的环境，包括做亲子游戏。二是亲子交往过程中父母对学前儿童认知行为的态度	亲子交往影响学前儿童健全人格的形成 亲子情感能够使儿童情绪稳定，有较好的安全感，能积极地参与各种活动，表现出活泼、开朗、态度积极等良好情绪；缺乏亲子情感则会表现为消沉、孤独、沉默、胆怯等消极情绪

可可家的亲子交往方式将对可可造成怎样的影响？

资料卡四：你知道如何引导亲子交往吗？

1. 家长必须了解亲子交往的重要性

亲子交往在儿童社会性发展中的作用具有不可代替性，祖辈的爱和教师的爱不能代替父母的爱。非母乳喂养或与父母分离的时间过长，学前儿童因其情感需要得不到满足而产生焦虑情绪，会给其成年以后身心健康埋下巨大的隐患，因此必须引起家长的高度重视。

2. 父母应该了解亲子交往的技巧

和谐的家庭氛围，是建立良好亲子关系的"土壤"。有什么样的家庭氛围，就能培养什么样的孩子。

和谐的家庭氛围，会培养出性情温和、善良的孩子；在不和睦的家庭氛围中成长起来的孩子往往具有暴躁、敌对、孤僻、自私等性格特点。此外，家长角色的科学合理定位，是提高亲子交往效能的关键。通过观察、交谈、询问、抚爱等手段，了解学前儿童的各种需要，给予其科学合理的满足及引导，此时，家长的角色是十分重要的，切忌以自己的需要代替儿童的需要。

3. 克服不正确的家庭教养方式

不同的家庭教养类型与儿童的性格、情感、人际关系的形成、处事能力等均有明显的关系。

（1）专制型。这类父母把孩子作为附庸，对孩子的行为干预过多，要求孩子绝对遵循父母所定的规则，不鼓励孩子提问、探索、冒险及主动做事。较少对孩子表现温情，并严格执行对孩子的惩罚。这种教养方式在多数情况下对父母而言，可能更省事。但这种家庭的孩子可能表现出胆小、怯懦、畏缩、抑郁，自尊感、自信心较低等性格特点，在人际交往上可能会碰到较多困难。

（2）放任型。这类父母不为孩子立任何规矩，无明确要求，奖惩不明。只给予孩子足够的温情，孩子没有"长幼有序"的观念，享有很大的自主权。这种类型的父母忽略了教导孩子树立尊重意识，不能适时提供给孩子做人处事的基本道理，使得孩子缺乏自制力。尤其对学龄前的孩子来说，父母若不能在言语、行为上有所引导，那么孩子就犹如独自在汪洋大海中漂泊，不知该往何处，即使犯错也不自知。所以给孩子这种自主，反而阻断了他学习做人的机会。因此放任型父母是不负责任的父母，往往使孩子面对挫折无所适从。在这种家庭中生活的孩子往往具有较高的冲动性和攻击性，而缺乏责任感，不太顺从，行为缺乏自制，自信心较低。

（3）权威型。权威型的父母以合理、温和的态度对待孩子，他们站在引导和帮助孩子的立场，设下合理的标准并解释道理。既尊重孩子的自主性和独立性，又坚持自己的合理要求；既高度控

制孩子，又积极鼓励孩子独立自主。因此，权威型的父母才能培养出孩子的健全人格，在这种家庭中长大的孩子，从小被尊重，又不乏父母的引导和要求。所以，这类孩子多数独立性较强，善于自我控制和解决问题，自尊感和自信心较强，喜欢与人交往。

可可的家庭教养类型属于哪一种呢？

可可妈妈的行为无疑是不对的，是不正确的亲子交往方式。父母是孩子的第一任老师，亲子关系对儿童的社会化、认知能力、人格发展、人际关系等具有极其重要的影响。亲子交往在儿童身心发展中的作用是不可替代的。而可可妈妈忽视孩子的需要，拒绝与其互动，甚至是批评孩子。不仅没有满足可可的求知欲，而且打击了她的自信心。既不利于亲子情感的增进，更不利于可可身心健康的发展。而实际上，满足孩子此时的需求，给孩子讲白雪公主的故事，一方面可以增长孩子的知识，满足其求知欲；另一方面，也可以促进孩子与母亲之间的情感交流。因此，父母要重视亲子之间的交往活动，促进儿童心理健康地发展。

首先，应该让家长认识到亲子交往对幼儿身心发展的影响，了解亲子交往的重要性。其次，让家长掌握一些亲子交往的技巧。例如，孩子在场，父母不吵架；与孩子做朋友，而不是高高在上，等等，为孩子创造和谐的家庭氛围。最后，教师可以给家长推荐一些关于亲子交往的书籍，提高其亲子交往的能力，克服不正确的家庭教养方式，使孩子身心健康地成长。

合格父母十条标准

（1）孩子在场，父母不吵架；

（2）不拿自己的孩子和别人的孩子相比；

（3）父母之间互相谅解；

（4）任何时候不对孩子撒谎；

（5）与孩子之间保持亲密无间的关系；

（6）孩子的朋友来作客要表示欢迎；

（7）孩子提出的问题要尽量答复；

（8）在外人面前不讲孩子的过错；

（9）观察和表扬孩子的优点，不过分强调孩子的缺点；

（10）对孩子的爱要稳定，不随便对孩子发脾气。

任务二　正确认识学前儿童的依恋行为

情景一

　　雪娜去年秋天升入中班，课间上厕所回来路过小班门口她总是伸着头使劲地向里面张望，眼里流露出对小班的依恋。户外活动时遇到小班的小朋友，她总是主动友好地亲近她们，给他们作为中班姐姐的特别关照。每天，雪娜妈妈接她都要比其他小朋友晚很长时间，而这时候，她一点也不心急，而是恳求老师让她去小班活动室玩一会儿。原来上小班时，小班老师善待孩子，对孩子付出了自己的一片真爱，日久天长，雪娜对小班产生了感情，直到升入中班后还依恋着小班。

情景二

　　小李老师的班上有一个小朋友，名叫菲菲。刚到园的两天，菲菲是一步也不准奶奶离开。第三天带了个布娃娃，奶奶告诉老师说，有布娃娃菲菲就不会太吵的。果然，有布娃娃陪着她，几天来菲菲没有哭闹，只是无论上课、游戏，还是上厕所的时候，布娃娃从没有离开她的手。有几次早操的时候老师试图让菲菲把布娃娃放下去做操，但是刚把布娃娃放下她就哭了起来，怎么劝都不行。最后，把布娃娃还给她，她立刻就不哭了。两天的心理疏导加一个布娃娃，奶奶终于可以回家了，但菲菲却变成了老师的"小尾巴"，老师走到哪儿她就会跟到哪儿，攥着老师的上衣底边紧跟在她的身后说："老师她们在打架"。

想一想

　　雪娜和菲菲的行为都属于依恋行为，那么，你认为他们的依恋行为是正常的吗？作为教师，面对雪娜和菲菲的依恋行为该如何做？请同学们结合以下资料，以小组讨论的形式完成以上任务并展示结果。

资料卡一：你知道什么是依恋吗？

依恋是指个体对熟悉的人（通常指父母或其他养育者）所建立起的亲密情感联结，婴儿对其表现出各种依恋行为，如哭、笑、视觉朝向、身体接触、依附和追随等。

资料卡二：你知道幼儿依恋的类型吗？

艾斯沃斯与她同事为了评定 1 岁婴儿对其母亲依恋的安全性，设计了陌生情境实验，实验过程是这样的：

（1）妈妈和宝宝一起在一个陌生的房间玩耍。

（2）妈妈坐下来，让宝宝自由地探索。

（3）房间里进来一个陌生人，先和妈妈说话，然后再和宝宝说话。

（4）妈妈默默地离开，留下宝宝和陌生人。

（5）妈妈回来，和宝宝打招呼并安慰宝宝，陌生人离开了房间。

（6）妈妈再次离开，留下宝宝独自一人。

（7）陌生人回到房间，和宝宝一起玩。

（8）妈妈回到房间，陌生人离开。

艾斯沃斯的陌生情境测验将婴儿的依恋关系分为三类：

①A 型（回避型）

这类儿童在陌生情境中，母亲是否在场对他们的探究行为没有影响。母亲离开时，儿童不表现出明显的分离焦虑；母亲返回时，儿童也不主动寻求接触；母亲接近时反而转过身去，回避母亲的亲密行为。在忧伤时，陌生人的安慰效果与母亲差不多，不表现出明显的陌生焦虑。所以，有的人把这类儿童称为"无依恋的儿童"。

②B. 型（安全型）

这类儿童在陌生情境中，把母亲作为"安全基地"，去探究周围环境。母亲在场时，主动去探究；母亲离开时，产生分离焦虑，探究活动明显减少。忧伤时容易被陌生人安慰，但母亲的安慰更有效。母亲返回时。以积极的情感表达依恋并主动寻求安慰，即使在忧伤时，婴儿也能通过与母亲的接触很快平静下来，然后继续探究和游戏。

③C 型（反抗型）

这类儿童在陌生情境中，难以主动地探究周围环境，而且探究活动很少，表现出明显的陌生焦虑。母亲离开时儿童相当忧伤，但重逢时又难以被安慰。实际上，这些儿童抗拒母亲的安慰和接触。他们的行为表现出一种愤怒的矛盾心理，对母亲缺乏信心，不能把母亲当作"安全基地"。当母亲返回时，他们拒绝去探究，仍表现出明显的焦虑不安。

如果把 B 型称为安全型依恋的话（占 70% 左右），A 型（占 10% 左右）和 C 型（占 20% 左右）则称为不安全型依恋。三类依恋之间的区别不在于强度的强弱，而在于质量的好坏。显然，B 型的质量高，而 A 型和 C 型质量低

情景呈现中雪娜和菲菲分别属于哪种类型的依恋？

资料卡三：你知道过分依恋的表现吗？

（1）紧张。一到陌生的环境，宝宝就会出现莫名的紧张，不知所措，一定要和爸爸妈妈有肢体接触才能稍稍解缓。

（2）脆弱。宝贝受不得任何的批评，一旦有人对他说了重话，宝宝就会以大哭大闹来表示反抗，没有自我控制情绪的能力。

（3）易怒。当有人想靠近宝宝时，他会表现出特别的抗拒，如果抗拒不成，很容易转化成愤怒的情绪，对试图接近的人进行攻击。

情景中雪娜和菲菲的表现属于过分依恋吗？

资料卡四：你知道安全型依恋形成的策略吗？

1. 注意"母性敏感期"期间的母子接触

母性敏感期是指孩子刚出生的前几天。有研究认为最佳依恋的发展需要孩子在"母性敏感期"与母亲接触。研究者把正常医院条件下的母子接触和理想条件下的接触作比较。医院的标准做法是：出生时让妈妈看一下孩子，10 个小时后孩子再在妈妈身边稍留一会儿。然后每隔 4 小时喂奶一次。理想条件是：出生后 3 小时起便有定时的母子（女）接触，在开始 3 天里，每天另有 5 小时让妈妈搂抱孩子。结果发现理想条件下的孩子与妈妈更密切，面对面注视的次数更多，而且，后期依恋关系好。

2. 父母与孩子之间要保持经常地身体接触

父母要经常抱孩子，还要适当与孩子一块玩耍。同时，父母在和孩子接触时，要保持愉快的情绪，高高兴兴地和孩子玩。

3. 尽量避免父母亲与孩子的长期分离

研究表明，孩子与父母的长期分离会造成孩子的"分离焦虑"，从而影响孩子正常的心理发展。特别是6~8个月后的分离会产生严重的影响。因为这个时期，正好是孩子与他人建立情感联系的关键时期。

4. 父母对孩子发出的信号要作出反应

父母对孩子发出的信号要敏感地作出反应，要注意孩子的行为（如找人、哭闹等），并给予一定的关照。

你认为可能是什么原因造成了雪娜和菲菲两种不同类型的依恋？

小提示

依恋的类型有两种：安全型依恋和不安全型依恋，不同的依恋类型对幼儿心理发展影响不同。雪娜从小班进入中班，虽然有些不舍，但表现自信、乐观，且能主动、友好地接触小班的幼儿并给他们提供帮助，很合群，所以雪娜属于安全型依恋。菲菲入园后，无法忍受与亲人的分离，表现出强烈的反抗，后来又把对亲人的依恋转为对布娃娃和老师的依恋。即使这样，还是对幼儿园充满恐惧，极度缺乏安全感，甚至产生了不合理信念，如菲菲看到小朋友围在一起就认为是在打架，表现了她的胆小、退缩和不合理的信念，所以菲菲属于不安全型依恋。由此看来，幼儿不同的依恋心理对幼儿未来发展的影响是不同的，安全型的依恋对幼儿是极其重要的。

面对雪娜的依恋行为，教师应予以正确地看待，在肯定她的基础上，予以一定支持，比如，可以让雪娜作为小姐姐定期到小班帮助小班儿童建立行为规范，既满足了雪娜对小班的依恋，也发挥了一定的作用。面对菲菲的依恋行为，教师应引起足够的重视，不能对其忽视，放任，应与其父母进行沟通，了解其成长背景，并给予其较多的关爱，给她一定安全感，带她积极参与到小朋友的活动中去，让其能够渐渐熟悉幼儿园的环境，融入幼儿园生活，使其感受到幼儿园的温暖，逐步建立自信，增强对周围环境的信任。

186

小资料

前依恋期（0~2个月）：婴儿对所有的人作出反应，但不能将他们进行区分，没有对特殊人的特殊反应。他们用哭声唤起别人的注意，随后，用微笑、注视和咿呀语同成人进行交流，这时的乳儿对前去安慰他的成人无选择，所以此阶段又叫无区别的依恋阶段。

依恋建立期（2个月至7~12个月）：婴儿对他人的社会性反应强度增加，对熟悉的人有特殊友好的关系，能从周围的人中区分出最亲近的人，并特别愿意与之接近。这时的婴儿一般仍然能够接受比较陌生的人的注意和关照，也能忍耐同父母的暂时分离，但是带有一点伤感的情绪。

依恋关系明确期（7~12个月至24个月）：在此阶段，婴儿对于特殊人的偏爱变得更强烈。由于婴儿运动能力的发展，他们可以去主动接近亲近的人和主动探索环境，同时他们把母亲或看护人作为一个"安全基地"，从此点出发，去探索周围世界；当有安全需要时，又返回看护人身边，然后再进一步去探索。此阶段的婴儿不但形成了分离焦虑——离开照看者时感到不安，而且形成了陌生焦虑——对陌生人的谨慎与回避。他们以反抗、紧张、恐惧等情绪对待与亲人分离。

目的协调的伙伴关系（24个月以上）：2岁以后，婴儿能较好地理解父母的愿望、情感和观点等，同时能调节自己的行为。例如，他现在能够忍耐父母迟迟不给予关注，也能够忍耐同父母的短期分离，他相信父母将会返回。

第三节　学前儿童的师幼交往

请同学们课前搜集师幼交往中常见的问题，整理后与同学进行分享。

任务　掌握建立良好师幼关系的方法

一天，一位幼儿告诉老师："刚才我在来的路上看到了许多死去的蚯蚓。"老师却说："噢，学儿歌的时间到了，等一会儿再告诉老师好吗？"儿歌学完后，老师早把这件事情给忘了。

几天后，这位孩子非常神秘，兴奋地问老师："老师，你猜猜看，10条皮筋可以做成什么？"而老师兴致不高地说："10条皮筋嘛，可以做成10条皮筋了。"

一段时间后，老师发现这个孩子变得很沉默，不怎么和小朋友交流，什么也不对自己说了，于是就问："周末在家里干什么了？""什么也没干。"孩子回答了一句，然后就没话了。

想一想

　　这位小朋友为什么变得沉默了？如果你是一名幼儿教师你会怎么做？请阅读以下资料，完成任务。

知识锦囊

资料卡一：你知道教师在幼儿心中的地位吗？

　　幼儿园里的师幼交往是指教师与幼儿之间由于教育教学的需要而进行的交往活动。

　　幼儿进入幼儿园后活动的重心由家庭转移到幼儿园。对幼儿而言，过去在家庭中，父母是他们心中的权威，他们的言行受到父母的关爱和指导。进入幼儿园后，他们的言行受到老师的关爱和指导，幼儿心中的权威发生了转移，他们以在家庭中对父母的崇敬之情来对待教师。教师成为他们心目中的权威。

　　情景呈现中的小朋友开始为什么喜欢与老师交流？

资料卡二：你知道师幼交往对幼儿的影响吗？

1. 增强幼儿的安全感、自信心及探索精神

　　皮恩特（Pianta，1994）从情感和行为两个角度将师幼关系分为两种模式：积极的关系和有障碍的关系。在积极的关系中，教师对幼儿比较热情、关爱，使幼儿对幼儿园的环境充满安全感，而在有障碍的关系中，教师对待幼儿很冷淡，经常发生冲突，幼儿缺乏安全感。

2. 增强幼儿对新环境的适应能力

　　幼儿从家庭到幼儿园，往往会在适应新环境时出现吃手、夜惊、尿床等现象，严重的还会导致分离焦虑。但是，如果老师像父母那样关心他、爱护他时，一切紧张和恐惧就消失了，代之以快乐、轻松的状态。

3. 促进幼儿同伴关系的发展能力

　　研究发现，幼儿之间的评价大多数依从教师的评价。那些被同伴拒绝和忽视的幼儿往往也是因为教师的态度所导致的。因此，良好的师幼关系是幼儿受欢迎程度的前提条件，也是幼儿学会交朋友的重要因素。

4. 促进幼儿自我概念和社会性的发展

　　幼儿越小，榜样的作用也就越重要，因此幼儿学习与人交往，也是从教师榜样作用那里来的。如果师生关系密切，幼儿就会对教师形成信任感，从而模仿教师的言行；如果师

生关系紧张，不仅不利于幼儿自我概念的形成，而且很可能影响到他的社会性发展。

情景呈现中这位老师的行为会对幼儿产生怎样的影响？

资料卡三：你知道如何建立良好的师幼关系吗？

1. 教师要学会充分关爱和宽容幼儿，创设良好的师幼氛围

幼儿在幼儿园渴望得到教师的关爱，如果一个孩子能充分享受到教师的关爱，孩子就能心情愉悦、积极向上，幼儿园也就变成了他们向往的地方。此外，教师还要宽容幼儿，理解其内心感受。

2. 师幼之间平等互动

教师必须将幼儿作为一个真正的"人"来看待，尊重幼儿，与幼儿建立平等的师幼关系。尊重、理解孩子，就需要教师将自己的地位放在与孩子相同的水平线上。蹲下来听孩子说话，了解他们的思想。改变以往居高临下的态度，与幼儿保持平等自然的关系，形成同伴、朋友型的师生关系，让幼儿感受到老师就像自己的伙伴一样。

3. 注重师幼互动中的技巧

（1）与幼儿加强交流，帮助幼儿认识自己，了解他人

教师要注重与幼儿进行眼睛的交流，眼睛是心灵的窗户，孩子纯真的心灵毫无保留地反映在他们的眼睛里。教师与幼儿随时随地进行简单的目光交流，会让教师更加及时地掌握孩子的情况；孩子也会感受到教师关爱的目光，感觉自己受到重视。教师要重视与幼儿无声的交流与互动。教师对幼儿点点头、摸摸头、拍拍肩都可以传达特定的信息，这种方便有效的沟通方式可以实现师幼之间默契的情感沟通。

（2）与幼儿说悄悄话

用说"悄悄话"的方式和幼儿对话，教师与幼儿将自己内心的想法讲给对方听，可以让幼儿感受到老师对自己的信任，增强幼儿的自信心。在沟通中，教师要给幼儿表达和倾诉的机会，幼儿在诉说的过程中，教师要注意倾听并作出积极的反应。掌握幼儿好奇且渴望被老师关注的心理，以此来和幼儿沟通，常常会有出乎意料的效果。

（3）在游戏中与幼儿交流互动

在游戏活动中，幼儿是最放松、最自然的。教师要利用做游戏的机会与他们打成一片，用童心理解他们的世界，走进他们的生活。在游戏中，教师要善于捕捉幼儿的闪光点，及时对幼儿的闪光点进行肯定、鼓励，使幼儿在潜移默化中找到自己努力的方向，进而积极主动地活动，同时促进师幼之间的情感交流。

（4）给予幼儿正确的评价

幼儿的自我评价能力较差，他们对教师的评价深信不疑，如果教师对幼儿的评价内容空乏、缺乏个性，则会降低幼儿的自我肯定，容易使师幼关系变得肤浅。所以，教师应该以发展的目光对幼儿进行评价。例如，有意忽视幼儿的不恰当行为，积极关注幼儿的恰当行为，可引导幼儿的行为向恰当方向发展。此外，要对幼儿一视同仁，给予同样的表现机会，进行正面的评价和信心培养，为

幼儿正确认识和评价自己奠定基础。

小提示

在幼儿园里，老师是幼儿心中的权威，是幼儿最崇敬的人，他们总是喜欢从老师这里寻求答案，也愿意和老师分享自己认为好玩的事，并且渴望得到老师的关注和肯定。情景呈现中的这位小朋友就是这样的，但是老师对他所提问题的一次次漠视，不仅没有满足这位小朋的需要，而且打击了他的自信心。所以，他变得沉默了。

作为幼儿园的教师，应该明确自己在幼儿活动中的角色，明确自己在幼儿心目中的地位。重视与幼儿的互动，关爱并尊重每一位幼儿。为幼儿创设良好的心理环境，使幼儿在宽松愉悦的氛围中活动学习。掌握与幼儿互动的技巧，增进与幼儿之间的情感。如果遇到情景中的状况，教师应该关注幼儿的需要，积极回应幼儿提问，鼓励幼儿大胆提问、勇于表达，建立起良好的师幼关系，让幼儿在轻松、愉悦的环境中成长，否则就会打击幼儿的积极性，使其变得沉默、孤僻，影响其心理健康成长。

第四节　学前儿童的同伴交往

请同学们课前深入幼儿园搜集学前儿童同伴交往困难的案例，以小组为单位整理资料并分析交往困难的原因，在课堂上与同学们分享，时间控制在 5 分钟以内。

任务　帮助幼儿建立良好的同伴关系

康康是某幼儿园大班的孩子，在该幼儿园里，他是出了名的"身强体壮"的顽皮鬼，与其他小朋友矛盾不断，今天上午又挨了老师的一顿狠批。事情是这样的：前几天，康康所在的班刚转来了一个小朋友李明，李明个子也比较高，这样，康康和李明成为该班仅有的两个"高个"。康康主动找李明一块玩，可李明不太喜欢活动，尤其不爱和康康这样风风火火的孩子玩。今天上午刚到班里，康康又找李明教他"玩魔术"，李明不同意，两人就动起手来。在老师眼中，康康总是主动和小朋友接触，可总好景不长，就没人愿意和他玩了。然而，他自己仍别出心裁地玩得有滋有味。为了不给其他小朋友添麻烦，老师也经常让他自己去一边玩。

想一想

在幼儿园中，康康不能建立良好的同伴关系，老师也常常让他自己玩耍，你如何看待这位教师的做法？如果你是康康的老师，会怎样帮助康康建立良好的同伴关系？请结合以下资料，以小组为单位讨论完成任务。

 知识锦囊

资料卡一：你知道幼儿同伴交往的类型吗？

同伴关系是指年龄相同或相近的幼儿之间一种共同活动并相互协作的关系。庞丽娟将同伴交往的类型分为以下四种：

受欢迎型 ▶ 受欢迎型幼儿喜欢与人交往，在交往中积极主动，且常常表现出友好、积极的交往行为，因而受到大多数同伴的接纳、喜爱，在同伴中享有较高的地位，具有较强的影响力

被拒绝型 ▶ 被拒绝型幼儿和受欢迎型幼儿一样，喜欢交往，在交往中活跃、主动，但常常采取不友好的交往方式，因而常常被多数幼儿排斥拒绝，在同伴中地位低、关系紧张

被忽视型 ▶ 这类幼儿常常独处或一人活动，在交往中表现得很退缩，他们既很少对同伴作出友好、合作的行为，也很少表现出不友好、侵犯性行为。因此，既没有多少同伴主动喜欢他们，也没有多少同伴主动排斥他们，他们在同伴心目中似乎是不存在的，被大多数同伴所忽视和冷落

一般型 ▶ 这类幼儿在同伴交往中行为表现一般，既不是特别主动、友好，也不是特别不主动或不友好；有的同伴对其喜爱、接纳，有的对其稍有忽视、拒绝，因而在同伴心目中的地位一般

幼儿同伴关系的类型

情景呈现中的康康属于同伴交往类型中的哪一种？

资料卡二：你知道同伴交往对幼儿的发展有什么作用吗？

1. 有利于幼儿学习社交技能和策略

在同伴交往中，运用微笑、请求表示邀请等，从而尝试自己学会的社交技能和策略，并随时根据对方的反应进行调整，使之不断巩固、熟练和恰当。在幼儿的交往过程中，同伴的反馈往往非常直接而坦率，你作出的友好、合作、分享等积极行为，同伴便相应的作出肯定的反应。而如果你作出独占、抢夺、打人等消极行为，则同伴相应作出否定、拒绝、讨厌的反应。这种丰富、直接的反应有利于幼儿社会行为向积极的方向发展。

2. 有利于同伴之间的相互社会化

在与同伴的相互作用中，幼儿可以更直接地与同伴平等地进行思想交流，并获得同伴的期待和强化反应，因而更容易形成社会行为和态度；通过与同伴的相互作用，逐渐培养起自己沟通、自卫与合作的技巧。

3. 成为儿童积极情感的重要后盾

观察发现儿童在与同伴交往时经常表现出更多更明显的愉快、兴奋和无拘无束的交谈，并且能够更轻松、更自主地投入各种活动。同时，良好的同伴关系也能成为儿童的一种情感依赖，对儿童具有重要的情感支持作用。不少研究发现，当儿童处于困境，比如有危险、遇到困难、受人欺负时，同伴的帮助往往是其摆脱困境，情绪恢复平静、愉悦的有效途径。所以，同伴是儿童获得情感和社会支持的重要来源。

4. 有助于促进儿童认知能力的发展

在同伴交往中，不同的孩子带有各自不同的生活经验和认知基础，他们在共同活动中也会作出各不相同的具体表现，即使面对同样的玩具，也可能玩出不一样的花样，可见同伴交往可为儿童提供了分享知识经验、互相模仿、互相学习的重要机会，有助于幼儿丰富知识、发展自己的思考、提高操作和解决问题的能力。

⒌ 为幼儿自我意识的发展提供有效基础

同伴交往为儿童进行自我评价提供了有效的对照标准。儿童在交往中发出的不同行为，往往会遭到同伴的不同反应，如打人常招来同伴的逃避、厌恶，而微笑则会换回友好。从同伴的不同反应中，幼儿可以了解自己的行为的好与不好，又可以认识到自己的行为与他人的关系，并从中进行调节、控制自身行为。

情景中的康康不良的同伴交往对其今后发展将产生怎样的影响？

资料卡三：你知道幼儿交往能力的必备要素是什么吗？

分享	▶	分享有助于幼儿克服自我中心的问题。教师要利用幼儿乐群、不喜欢孤独的心理特点，设置主题活动，启发幼儿思考，进行分享教育，让幼儿在集体活动中认识他人的需要，学习理解、关心他人，逐步表现出分享行为，体验分享的快乐和愉悦
自信	▶	自信的幼儿具有良好的精神状态，乐于与他人交往、融洽相处。教师的肯定对幼儿心理影响很大，所以教师要善于发现幼儿的优点、特长，哪怕是一点点小进步，从而帮助他们树立自信，让他们利用这种特长、优点，结交和赢得朋友
合作	▶	幼儿园里的许多活动需要集体的智慧和力量来完成，老师应创造条件让孩子与不同的人进行合作，在冲突中学会尊重、理解和关心他人，与他人共存、共同发展，在活动中学会合作，从而体会到合作的快乐和效率
移情	▶	移情是指对他人的情绪情感状态的识别和自我体验。移情教育就是在日常生活中引导幼儿设身处地为别人着想。教师可以采用情境表演、木偶表演、讲故事等艺术形式来训练幼儿体验他人的情感、感受他人的需要

小提示

康康体质好、力气大，喜欢主动交往，但并不友善，甚至有攻击性行为，在同伴中地位低，对没有朋友一起玩也不太在乎，所以康康在同伴交往方面属于问题儿童，属于被拒绝型幼儿。情景呈现中教师的做法是不对的。当康康与其他小朋友发生矛盾时，教师不应一味地批评，应了解矛盾出现的根本原因，尝试理解孩子，对于其错误应给予耐心指导。教师更不应该让他自己玩耍，这样会使他与同伴交往更加困难。如果康康的这种问题行为得不到改善，将影响康康的身心健康发展，对康康未来的社会生活带来巨大的麻烦。

作为幼儿教师，应该从以下几方面帮助康康：首先，要使他了解受欢迎儿童的性格特点及自身存在的问题，帮助他学习与他人友好相处；其次，教师要引导其他儿童发现这些问题儿童的长处，及时鼓励和表扬，提高这些幼儿在同伴心目中的地位。教师要通过有效的教育活动达到促进儿童交往、改善同伴关系的目的。

【知识链接】

儿童的攻击性行为是儿童社会性发展中一项非常重要的内容。攻击性行为是他人不愿接受的、出于故意或工具性目的的伤害行为，这种有意伤害包括直接的身体伤害、语言伤害和间接的、心理上的伤害。攻击性行为在不同年龄阶段的儿童身上都会有或多或少的表现，一般表现为骂人、推人、打人、抓人、咬人、踢人、抢别人东西等。

儿童攻击性行为的特点

续写故事

　　陈玉小朋友刚到幼儿园时，总是不能和别的小朋友玩到一块儿。大家一说他抢玩具，他就会立刻钻到桌子底下，谁也不理睬。一天下午，桌面游戏刚开始，东阳小朋友就喊了起来："李老师！李老师！陈玉又抢我的玩具！"我快步走到他们这组，陈玉小朋友已经钻到了桌子底下。见此情形，我……

参考文献

［1］姚梅林. 幼儿教育心理学［M］. 北京：高等教育出版社，2011.

［2］侯朝阳. 幼儿心理学［M］. 上海：上海交通大学出版社，2014.

［3］史献平. 幼儿心理学［M］. 北京：高等教育出版社，2012.

［4］钱峰，汪乃铭. 学前心理学［M］. 上海：复旦大学出版社，2014.

［5］彭聃龄. 普通心理学［M］. 北京：北京师范大学出版社，2008.

［6］李灿佳. 旅游心理学［M］. 北京：高等教育出版社，2011.

［7］陈帼眉. 学前心理学［M］. 北京：人民教育出版社，2003.

［8］李彦江，庄剑梅，尤天生. 幼儿心理学［M］. 天津：天津大学出版社，2016.